L'ESSENCE
DU
THÉATRE

DU MÊME AUTEUR

Philosophie du théâtre

L'essence du théâtre, Paris, Plon, 1943 ; Aubier, 1968 ; Vrin 2002. Traduction espagnole, Madrid, Artola, 1954 ; traduction japonaise, Tokyo, Kenichi Sasaki, 1976.

Le théâtre et l'existence, Paris, Aubier, 1952 ; Vrin, 1973 ; traduction japonaise, Tokyo, Kenichi Sasaki, 1990.

Le théâtre et les arts à deux temps, Paris, Flammarion, 1989.

L'œuvre théâtrale, Paris, Flammarion, 1958 ; Plan de la Tour, Les Éditions d'aujourd'hui, 1978.

Notre ami Maurice Barrès, Paris, Aubier, 1928.

Renan, auteur dramatique, Paris, Vrin, 1972.

Antonin Artaud et l'essence du théâtre, Paris, Vrin, 1974.

BIBLIOTHÈQUE D'HISTOIRE DE LA PHILOSOPHIE

Fondateur : Henri GOUHIER   Directeur : Jean-François COURTINE

H. GOUHIER

L'ESSENCE
DU
THÉÂTRE

PARIS

LIBRAIRIE PHILOSOPHIQUE J. VRIN

6, Place de la Sorbonne, Ve

2002

© *Librairie Philosophique J. VRIN*, 2002
pour la présente édition
ISBN 2-7116-1591-X
Imprimé en France

à Gaston Baty

AVERTISSEMENT DE L'ÉDITION DE 1968

Cet ouvrage a paru en 1943 dans la collection « Présences » que Daniel-Rops avait créée à la librairie Plon : je n'oublie pas ce que je dois à l'amitié de l'homme dont j'écris aujourd'hui le nom avec reconnaissance.

Ces réflexions sur le théâtre sont, en fait, un regard sur le théâtre de l'entre-deux guerres. J'avais assisté aux dernières représentations du Vieux-Colombier, j'avais découvert Ibsen, Strindberg, Gabriele d'Annunzio, Claudel à L'Œuvre de Lugné-Poe, j'avais suivi dans sa riche diversité l'expérience théâtrale du « Cartel », c'est-à-dire d'« animateurs » aussi différents que Georges Pitoëff, Charles Dullin, Louis Jouvet, Gaston Baty à qui ce livre fut et reste dédié.

L'Essence du théâtre est donc lié concrètement au théâtre d'une certaine époque. On le réimprime pourtant tel qu'il fut publié en 1943 : s'il vise « l'essence », qu'importent les circonstances ? Bien sûr, le théâtre vivant est toujours un nouveau théâtre ; il serait passionnant de chercher en quoi celui de la seconde après-guerre est vraiment nouveau : il ne semble pas que « l'essence » ait changé. Je n'ai donc pas essayé de mettre l'ouvrage au goût du jour en choisissant ou en ajoutant d'autres exemples : je m'en tiens à quelques retouches et compléments. La présentation et les témoignages qui constituaient, hier, l'Introduction deviennent aujourd'hui une Post-face : simple changement de place ; le rapport de ces pages à celles qui maintenant les précédent reste aussi intime ; s'il faut parler de Pitoëff, de Dullin, de Jouvet, de Baty au passé, qui oserait dire que c'est un passé mort ?

Les publications concernant l'esthétique théâtrale et la philosophie de l'art dramatique sont de plus en plus nombreuses. *L'Essence du théâtre* n'est pas un livre d'érudition : on a cependant mis à jour quelques notes et indiqué au moins les instruments de travail dans un appendice bibliographique.

Mai 1967

AVANT-PROPOS

Qu'est-ce que le théâtre ?

La question relève de la philosophie, si la philosophie est une réflexion sur les premiers principes et la nature des choses.

La *Poétique* d'Aristote, les *Discours* de Corneille, *Le Paradoxe sur le comédien* de Diderot et son essai *De la poésie dramatique*, l'enquête d'Alfred Binet dans l'*Année psychologique* auprès des auteurs dramatiques, ces études et d'autres semblables contiennent des observations qu'une philosophie du théâtre retiendra : celle-ci, pourtant, est autre chose qu'une psychologie du dramaturge ou de l'acteur ; elle ne se confond ni avec un art poétique ni même avec une esthétique. Ses problèmes se posent une fois écartés toutes recherches sur la genèse des œuvres, toutes discussions sur les règles, tout débat sur le beau : elle prend et décrit le théâtre comme une *essence*.

Sa fin est naturellement de déterminer ce qui lui est essentiel.

La philosophie du théâtre a pour objet l'*âme* de cet art, en laissant à ce mot le double sens de principe spirituel et de souffle vital. Définir ce qu'est le théâtre en précisant ce qu'il n'est pas, analyser sa structure, dire à quelles conditions 'il existe et dans quelles conditions il cesse d'exister, rapporter sa signification à l'homme qui le veut et qui le crée, tel est le programme.

Il est assez différent de celui que nous proposent les méditations de Schopenhauer et de Nietzsche. Là, le philosophe va de sa philosophie au théâtre. Musique et poésie du drame sont des faits que le métaphysicien trouve et explique à l'intérieur du « monde comme volonté et comme représentation ». Le jeune auteur de *L'Origine de la tragédie* a l'air de suivre l'itinéraire inverse : mais Dionysos et Apollon se détachent d'une histoire à la fois très ancienne et contemporaine où la présence du maître Schopenhauer et de l'ami Richard Wagner émeut l'érudition du philologue. Chacune de ces deux grandes œuvres nous offre moins une philosophie du théâtre que le théâtre vu à travers une philosophie.

Leur lecture montrera, par contraste, ce qu'est la philosophie du théâtre et ce qu'elle n'est pas : elle est une *philosophie du drame en tant que théâtre* et non une *philosophie du théâtre en tant que drame*.

Si le contenu du drame est l'homme dans l'univers – que serait-il d'autre ? – la *philosophie du théâtre en tant que drame* coïncide nécessairement avec la vision de l'homme et de l'univers que le métaphysicien se donne en dehors du théâtre. Mais la *philosophie du drame en tant que théâtre* est une réflexion sur ce monde étrange qui est l'œuvre commune de l'auteur, de l'acteur et du spectateur : l'existence théâtrale et la volonté de vivre qui l'anime ont leur mystère et leurs problèmes ; l'effort de l'esprit pour les penser est indépendant des idées que chacun peut se faire des premiers principes et de la nature des choses prises hors de la scène.

La philosophie du théâtre en tant que drame n'est pas une partie de la métaphysique : c'est la métaphysique elle-même, une fois admis que la question souveraine est de savoir si la vie est un engagement dramatique, la négation du drame étant elle-même un dénouement au drame ; le théâtre n'est pour elle qu'un secteur de l'expérience humaine, qu'une des formes de la révélation de l'homme à l'homme. *La philosophie du drame en tant que théâtre* est une recherche distincte et limitée comme le fait qu'elle décrit; elle se déroule entièrement à l'intérieur du théâtre, jusqu'au moment où l'homme de la vie dépouille l'homme de la scène et pose le problème de leur commun destin [1].

1. Le texte de cet ouvrage est inédit. Il y eut toutefois quelques «répétitions» au sens théâtral du mot. Les chapitres I et II représentent une rédaction nouvelle et très augmentée de l'article «L'Essence du théâtre» paru dans la *Revue d'histoire de la philosophie et d'histoire générale de la civilisation*, avril-juin 1939, p. 97-106. Quelques thèmes du chapitre V ont été esquissés dans «Le Théâtre est-il un genre littéraire?», article publié dans *L'Art et la Vie*, Gand, mai 1936. Sous le titre «Catégories esthétiques et catégories dramatiques», j'ai donné un court schéma du chapitre VIII dans une communication faite au *Deuxième congrès international d'Esthétique et d'Art*, Paris, Alcan, 1937, t. II, p. 152-154; puis une note déjà plus étoffée dans le *Journal de psychologie*, novembre 1937, p. 626-631. Les idées essentielles du chapitre IX, § 1, firent l'objet d'une «Note sur l'art et l'humain» dans *Grand large*, n° 1, Dunkerque, janvier 1936.

CHAPITRE PREMIER

LA PRÉSENCE

I. – L'ESSENCE DU THÉÂTRE

Au début de sa *Poétique*, Aristote distingue la tragédie et la comédie de l'épopée : ce sont trois arts d'imitation, mais le dernier imite en racontant, les deux autres, « en présentant tous les personnages comme agissant, comme *en acte* ». « C'est ce qui, au dire de certains, a fait appeler leurs œuvres des drames, parce qu'ils imitent des personnages agissant »[1].

---

1. 1448 a 23-24, « *ós práttontas kai énergountas* » et 1448 a 29, je cite d'après Aristote, *Poétique*, texte établi et traduit par J. Hardy, Paris, Les Belles-Lettres, éditions G. Budé, 1932. La plupart des textes nous intéressant se trouvent avec de bons commentaires dans : Aristote, *Extraits* traduits, annotés et commentés par Médéric Dufour, t. I, Paris, De Gigord, 1931.

Aristote revient sans cesse sur le fait que le théâtre imite des personnages en action 1449 b 26, 32 et 37 ; 1450 a 16-17 : « La tragédie imite non pas les hommes mais une action et la vie » ; 1450 b 3-4. Son analyse porte sur la tragédie, celle de la comédie appartenant à la partie perdue de l'ouvrage ; mais, une fois mis entre parenthèses ce qui concerne seulement le tragique, il reste quelques propositions convenant aux diverses formes du théâtre.

L'« imitation » d'un homme en train d'agir ne peut être qu'une représentation, c'est-à-dire une action rendue présente.

Dans représentation, il y a *présence* et *présent* : ce double rapport à l'existence et au temps constitue l'essence du théâtre.

Rapport à l'existence : celui qui entre en scène n'est pas le représentant d'une personnalité, le délégué d'un absent : il représente un personnage, transformant une ombre en réalité. L'ambassadeur n'est pas le souverain dont il est le représentant : il lui prête sa voix. L'acteur est l'empereur qu'il représente : il lui prête son être.

Deux causes naturelles déterminent les actions : le caractère et la pensée. L'action théâtrale est celle de personnages qui ont tel ou tel caractère, telles ou telles pensées. Par suite, « j'appelle fable, *mythos*, l'assemblage des actions accomplies ; j'appelle caractère, *to éthos*, ce qui nous fait dire des personnages que nous voyons agir qu'ils ont telles ou telles qualités ; j'entends par pensée, *é dianoia*, tout ce que les personnages disent pour montrer quelque chose ou déclarer ce qu'ils décident ». Voici donc trois parties dans l'œuvre. Or, la plus importante est l'action. En effet, sans l'action, il ne pourrait y avoir de tragédie ; mais il y a des tragédies sans caractères et une fable émouvante est préférable à des tirades morales, si bien tournées soient-elles. « La fable est le principe et comme l'âme de la tragédie ». Primauté de l'action sur la psychologie et les idées, telle est la pure doctrine aristotélicienne. [Je résume 1450 a jusqu'à b].

A la fable, aux caractères et aux pensées, Aristote ajoute une quatrième partie : l'élocution ou style, interprétation en prose ou en vers de ce que les personnages ont dans l'esprit. Mais, puisqu'il s'agit de personnages agissant et non d'un récitant, une cinquième partie sera le spectacle, *opsis*, ou mieux : *o tès opseos kosmos*, « l'organisation du spectacle », 1449 b 33-34.

L'organisation du spectacle n'est pas l'œuvre du poète en tant que poète. Il relève d'une technique qui ne trouve pas ses règles dans un Art poétique, « Pour la mise en scène, *peri tèn apergasian tón opseon*, l'art de l'homme préposé aux accessoires, *é tou skeuopoiou techné*, est plus important que celui du poète », 1450 b, 18-21.

« L'homme préposé aux accessoires » n'est d'ailleurs pas le seul technicien qui intervienne à côté du poète. Le langage de la tragédie est « relevé d'assaisonnements », *édusmenos logos* ; « les assaisonnements » sont le rythme, la mélodie et le chant ; le plus important est le dernier ; 1449 b 25 et 28, 1450 b 16.

Rapport au temps : toute existence est actuelle, toute présence réelle est réalité présente ; celui qui entre en scène et celui qui est assis dans la salle sont contemporains : ils vivent en même temps, sinon dans le même temps.

Un tableau, une statue, un roman, un poème sont toujours des intermédiaires entre une action vécue ou imaginée et celui qui regarde ou lit ; ce sont toujours des monuments, *monumenta* ou *monimenta*, les souvenirs d'une rencontre entre l'artiste et l'acte dont il voulut faire une forme. Lorsque Eugène Delacroix dessine ou peint Hamlet dans le cimetière d'Elseneur, ramassant le crâne de celui qui fut le bouffon du roi – *Alas, poor Yorick!* – il fixe une scène, une âme, une philosophie en noir et blanc, témoignage désormais immobile de sa rencontre avec cette pensée de Shakespeare qui se nomme Hamlet. *La Tragédie de Hamlet, prince de Danemark*, répond à une toute autre intention : ces cinq actes sont des actions en quête d'acteurs qui les actualisent.

Actualisation d'action par des acteurs... La musique, elle aussi, est bien un texte sur du papier qui attend du musicien ou du chanteur un jeu lui restituant sa matière sonore. Mais, comme le tableau ou le poème, la musique reste un intermédiaire : le chant n'est pas l'acte, l'exécutant n'est pas l'acteur. La *Symphonie fantastique*, « épisode de la vie d'un artiste », n'est que le « reflet mélodique »[1] du drame où Berlioz se jetait en prenant Miss Harriett Smithson pour Ophélie. Si hallucinant que soit le lied du *Roi des aulnes*, Schubert reste un conteur et son interprète, un récitant. Au théâtre, c'est l'action elle-même qui doit se répéter. Il ne s'agit pas d'exécuter mais de ressusciter. On exécute au concert la partition du second acte de *Tristan* ; les chanteurs se lèvent au moment où leur rôle les appelle ; ils se donnent la réplique en regardant le public ou

---

1. Adolphe Boschot, *La Jeunesse d'un romantique, Hector Berlioz (1803-1831)*, Paris, Plon, 1906, p. 385 ; voir tout le chap. VII, 1830, « La Fantastique ».

leur cahier : la musique est réalisée, non l'action ; et pourtant la musique en dit beaucoup plus que la scène n'en peut montrer. Le concert réveille une musique et, par elle, évoque un drame : il ne ressuscite pas les êtres avec leur drame.

*

Représenter, c'est rendre présent par des présences.

Le « fait dramatique », c'est donc l'acteur. Il n'y a point de théâtre sans poète, mais il y a poésie sans théâtre : l'art du comédien et la comédie vivent l'un par l'autre et l'un de l'autre. L'auteur est partout où créer n'est pas jouer : l'acteur seul est sur la scène et ne peut être nulle part ailleurs.

Avec l'acteur, le mystère du théâtre est celui de la présence réelle avant même d'être celui de la métamorphose. Mystère profane dont une expérience quotidienne nous révèle les effets, qu'elle justifie la supériorité ou l'infériorité, selon les cas, de la conversation sur la correspondance, de l'interrogation orale sur l'examen écrit.

Un homme est là. J'affirme qu'il est grand, mince et brun ; j'interviens à peine pour affirmer qu'il est là : sa présence s'affirme en moi. Je le connais comme grand, mince et brun. Je le connais aussi comme existant et présent : mais les deux connaissances sont bien différentes. La première est un savoir détaillé et progressif ; je découvre peu à peu ce qu'est cet homme, puis qui est cet homme. La seconde est une et instantanée : cet homme est là, rien de plus, rien de moins. Je peux consigner un savoir : je décris l'homme qui est devant moi ; je peux transmettre mon savoir : les mémoires sont emplis de « portraits ». Cet homme est là : que dire d'autre ? Sa présence fera simplement l'objet d'une information.

La pensée ne passe point d'une connaissance à une autre par degrés, mais par une inversion : il faut se tourner vers le concret tout cru. L'intelligence abstrait du réel ses qualités qu'elle lui restituera sous forme d'attributs dans le jugement ;

lorsqu'elle l'a vidé de toutes ses qualités, elle ne saurait détacher l'existence de l'existant : l'abstraction ne mord plus.
L'existence ne peut être attribut, puisqu'elle est le lieu des
attributs ; elle ne peut être une propriété, puisqu'elle est le propriétaire : il ne reste qu'à subir sa présence.

Une telle connaissance n'est pas une sensation, car elle
n'est ni spécialement visuelle ou tactile ou auditive : elle n'est
le propre d'aucun sens, bien que chaque perception lui doive sa
consistance. Ce n'est pas davantage un sentiment, si ce mot
désigne une affection du sujet qui se sent heureux, mécontent
ou triste. «Intuition» ne convient guère : une intuition qui ne
saisit pas le moi du sujet vise un objet; or l'existence n'est
jamais objet; c'est ce qu'il y a d'objectif dans l'objet : une
épaisseur sans contours, une opacité sans formes, une musique
sans lignes, autant d'abstractions désespérées pour désigner ce
que l'objet ne laissera jamais cueillir en lui. Le meilleur terme
est sans doute celui que proposait un jour M. Gabriel Marcel :
la réalité nous est donnée dans une assurance[1], assurance
continue et puissante comme la basse qui soutient le chant,
assurance qui me permet d'avancer sans craindre de tomber
dans le vide.

La donnée immédiate de la présence est aussi un don.
Parce qu'il est là, je sais de cet homme ce qu'aucun document,
aucune description ni aucune photographie ne m'apprendra.
Une connaissance à distance est souvent plus complète et plus
exacte; le biographe comprend parfois son héros mieux que ne
le firent les plus subtils de ses contemporains. Mais le recul
profite au savoir et, encore une fois, de la présence n'émane
pas un savoir : elle crée plutôt une espèce de complicité propice aux regards indiscrets. Cet homme est dans mon univers ;
je suis dans le sien : la vie m'oblige à simplifier et je conclus
aussitôt que nous sommes dans le même ; nous voici, pour un

---

1. Gabriel Marcel, *Position et approches concrètes du mystère ontologique*, à la suite de *Le Monde cassé*, Paris, Desclée de Brouwer, 1933, p. 275.

instant, embarqués ensemble et il faut bien accorder nos prudences. Or, cette familiarité entretient une sagacité plus vive et plus perçante que la réflexion, sinon plus juste, sagacité qui dispense de terminer les phrases, permet de communiquer sans paroles, lit dans les yeux et corrige les mensonges de la bouche par l'imperceptible tremblement d'une main.

Grâce de la présence... Grâce de divination et non grâce de lumière, secours du directeur de conscience, fine pointe du diagnostic médical, force des vrais chefs. La capter, tel est le miracle du portrait ; en jouer, tel est le secret du conférencier ; la vouloir au principe d'un art, telle est l'essence du théâtre.

II. – THÉÂTRE ET CINÉMA

Toute la différence du théâtre et du cinéma est là. Rien ne l'effacera jamais. Lorsque le cinéma donnera les couleurs et le relief, lorsque l'illusion d'optique sera parfaite, une illusion ne nous sera jamais donnée : celle de nous sentir les contemporains de la silhouette qui se meut sur l'écran, celle de respirer le même air dans le même morceau d'espace, au même instant.

Le cinéma dispose de la nature, de la foule et du déplacement dans l'espace. L'action a pour décors tous les paysages du monde, les cieux et le fond des mers, elle a pour figurant tout ce qui respire et par suite tout ce qui meurt. Des milliers d'hommes et de femmes peuvent défiler sur l'écran, rendre brusquement sensible dans ses expressions les plus massives ou les plus brutales « la vie unanime ». Le film capte la vitesse et, avec elle, entre dans le drame visible la machine inventée par l'intelligence, celle de l'usine et celle des champs, la locomotive et l'auto, le bateau et l'avion qui renouvelle l'image de la terre. A cette matière d'une inépuisable richesse la technique du cinéma ajoute les procédés d'un art absolument distinct et original, projection de ces grands portraits où vibre l'âme, fusion et dislocation des formes qui abolissent les limites du réel et du rêve, dessin et caricatures animés qui sont au cinéma ce que les marionnettes sont au théâtre. Si évidemment destiné à faire ce que le théâtre ne fait pas, le cinéma, avant même d'être parlant, s'est pourtant appliqué à n'être qu'une approximation du théâtre ; aberration qui a trouvé une espèce de confirmation dans le cinéma parlant, de sorte qu'un merveilleux perfectionnement a aussitôt accéléré le progrès dans le contresens.

Le procédé cinématographique permet deux types d'œuvres absolument différents. Une première direction conduit à la photographie en mouvement : c'est le principe du documentaire et des « actualités » ; le film enregistre ce qui se passe ; sa qualité essentielle est l'exactitude ; si le travail est accompli par un artiste, son talent apparaîtra dans le choix des objets ou des scènes et dans leur présentation ; mais ce n'est là qu'un précieux raffinement : la fin de l'œuvre est d'informer. Une seconde direction conduit à l'art cinématographique : le film est, comme le tableau ou la symphonie, une création de l'esprit, un poème en images ; il est pour les hommes d'aujourd'hui ce que fut le chant des aèdes longtemps après la guerre de Troie ; Charlot aura été notre Ulysse.

On pourrait concevoir une pièce jouée à la Comédie-Française et entièrement filmée. Ce serait, aussi bien que la radio, un moyen de faire connaître la Comédie-Française là où elle n'ira jamais. Ce serait surtout un moyen de conserver le souvenir et la leçon d'artistes dont l'œuvre ne survit pas à l'instant où elle s'accomplit. Quelles seraient notre joie et notre érudition si nous pouvions voir aujourd'hui sur l'écran Mme Favart et Talma, la « première » d'Hernani et la troupe de Molière ! Mais de tels films ne seraient ni du théâtre ni du cinéma : ils seraient du théâtre cinématographié. Dans la mesure où l'art cinématographique se rapproche du théâtre cinématographié, il cesse d'être du cinéma sans devenir du théâtre, c'est-à-dire qu'il est du cinéma manqué.

Entre l'art théâtral et l'art cinématographique la différence est d'essence. Léon Daudet disait un jour : « Je me demande si l'art dramatique n'est pas actuellement vis-à-vis du cinéma, dans la situation inférieure et menacée du cheval vis-à-vis de l'automobile ». La boutade est ingénieuse ; le mot « inférieur », toutefois, limite sa portée. Le cheval est dans une situation inférieure vis-à-vis de l'automobile si l'on oublie qu'il est cheval pour considérer seulement les services qu'il peut rendre comme moyen de transport. Mais le cavalier n'oublie pas que le cheval est cheval ; à l'heure de sa promenade au Bois, lorsqu'il l'enfourche, il ne le juge dans une situation ni inférieure, ni supérieure à l'automobile : il n'y a plus même de comparaison possible. De même, le théâtre peut être dans une situation inférieure vis-à-vis du cinéma si l'on pense au succès commercial des entreprises : la supériorité et l'infériorité n'ont plus aucun sens quand théâtre et cinéma sont pris comme deux arts. L'un peut remplacer l'autre dans la faveur du public : l'un n'a pas plus à disparaître devant l'autre que la statue devant le portrait.

Entre le théâtre et le cinéma, ce n'est pas une question de couleurs ou d'épaisseur et de troisième dimension, toutes qualités dont l'art humain peut nous donner l'illusion. Ce qui les distingue ne sera ni effacé ni même affaibli par les perfectionnements techniques.

Les puissances du cinéma tiennent à ce fait que l'image est affranchie du réel. Il suffit d'une mince pellicule et un monde entre dans ma valise. Ce qu'il y a de spécifiquement théâtral, c'est au contraire l'impossibilité de détacher l'action de l'acteur. La scène accueille toutes les illusions, sauf celle de la présence ; le comédien y apparaît sous un déguisement, avec une autre âme et une autre voix : mais il est là et, du même coup, l'espace retrouve ses exigences et la durée, son épaisseur.

Entre ce qui est représenté sur un écran et ce qui est rendu présent sur la scène apparaît l'abîme métaphysique qui sépare la reproduction de l'acte et l'acte lui-même, l'image de l'homme avec sa possibilité d'être infiniment répétée et l'homme dans une minute unique de sa vie.

Le théâtre n'est pas le cinéma + quelque chose ou le cinéma – quelque chose. Le cinéma n'est pas davantage le théâtre + quelque chose ou le théâtre – quelque chose. Le cinéma ne nous parlera jamais que par images interposées : l'âme du théâtre, c'est d'avoir un corps.

*

La psychologie du spectateur vérifierait ces observations, si l'on essayait de caractériser ses diverses admirations. La vedette du cinéma appartient à la race des demi-dieux de la mythologie : bien que son image soit à la portée de tous, sa réalité est lointaine ; quand elle apparaît sur l'écran, c'est le reflet d'une présence dans un corps sans consistance ; de telles créatures ne sont vraiment pas de ce monde. C'est pourquoi elles ne le quittent pas en même temps que la créature vivante dont elles sont le double ; leur être est périssable mais non mortel ; la mort de Charlie Chaplin serait beaucoup moins importante dans le destin de Charlot qu'un incendie brûlant toutes les pellicules existantes de *La Ruée vers l'or* ou des *Temps modernes*. Il y a entre l'acteur de théâtre et ses fidèles un lien plus intime, ce *charme* émané de la présence réelle. Charlot vient à nous par l'écran : c'est nous qui allions à Louis Jouvet. Quand Charlot n'aura plus de réalité terrestre, l'image qui porte ce nom continuera à venir vers nous : nous n'allons plus à Louis Jouvet, sa disparition nous touche personnellement, nous ne verrons plus un homme que nous connaissions, car nous disons froidement et de bonne foi que nous l'avons connu, parce qu'un soir il était sur la scène et nous dans la salle.

Profondeur de la naïveté ! En un sens, nous étions bien en « relation » avec Louis Jouvet et ce sens ne conviendra jamais à notre rapport avec Charlot.

Lorsque Charlie Chaplin « tourne », il travaille loin du public ; pendant que Charlot s'agite sur l'écran aux quatre coins du monde, Charlie Chaplin dort, dîne ou « tourne » un autre film. Au théâtre, l'acteur n'est pas seulement présent : il est en présence des spectateurs.

Le décor n'a trois côtés que pour nous : il en a un quatrième pour ceux qui sont en scène. Le cabotinage commence même très précisément lorsque l'acteur pense plus au quatrième côté qu'aux trois autres. Tartuffe parle pour être entendu d'Elmire : Louis Jouvet parle pour être entendu de nous. Tartuffe est sourd à nos rires et à nos applaudissements : Louis Jouvet les écoute. Le personnage de la comédie vit entre les trois côtés du décor : la personne du comédien veille devant le quatrième où il se trouve, à sa manière, spectateur.

Spectateur qui voit en face des spectateurs qui regardent. Pendant que nous regardons l'artiste, attentifs à l'individualité de son jeu, le comédien voit une masse, orchestre silencieux qui soutient son dialogue, espace ondulant et frémissant dont il perçoit l'épaisseur, présence multiple et anonyme sans laquelle son personnage manquerait d'appui.

> Je les regarde, et la salle n'est rien que de la chair vivante et habillée.
> Et ils garnissent les murs comme des mouches jusqu'au plafond.
> Et je vois ces centaines de visages blancs…
> Ils m'écoutent et ils pensent ce que je dis ; ils me regardent et j'entre dans leur âme comme dans une maison vide[1] …

L'acteur ne me voit pas, mais il voit cette salle où je figure. L'acteur ne pense pas à moi, mais il pense cet être sans visage qui doit à mon visage une parcelle de sa substance. Je ne suis pas quelqu'un pour lui ; je ne suis pourtant pas rien : nous vivons l'un par l'autre. Louis Jouvet ne fut certes jamais

---

1. Paul Claudel, *L'Echange*, acte I, dans *Théâtre*, t. III, Paris, Mercure de France, p. 196-197.

Louis Jouvet pour moi cependant, il fut Tartuffe et Don Juan pour moi; et, lorsqu'il était Tartuffe ou Don Juan pour moi, j'existais dans l'univers de Louis Jouvet. J'étais une présence répondant à sa présence: nous nous connaissions sans avoir fait connaissance.

III. – La représentation

La représentation n'est pas une sorte d'épisode qui s'ajoute à l'œuvre; la représentation tient à l'essence même du théâtre; l'œuvre dramatique est *faite pour* être représentée: cette intention la définit. Sans cette intention, il y aura un dialogue, un texte qui, sur le papier, offre les apparences d'un ouvrage théâtral: rien d'autre. Les drames philosophiques de Renan ne sont pas des drames, non parce qu'ils sont philosophiques, mais, tout simplement, parce qu'ils ne sont pas du théâtre. Ce qui leur manque est une condition bien humble, une virtualité, une possibilité, la possibilité d'être représentés qui dessine la scène dans le dialogue et pousse les personnages hors du livre.

> Dans le silence du cabinet, aux heures heureuses où l'on est seul maître de son ouvrage, il vous semble, en écrivant ses répliques, voir ses personnages se mouvoir et agir. On imagine même l'impression du spectateur. On entend son rire. On ressent son émotion. Quand un personnage doit convaincre, séduire, dominer, on s'applique à graduer la scène de façon que la conquête paraisse vraisemblable. On essaye de mettre *de l'air* entre les répliques. On laisse au spectateur le temps d'éprouver complètement une sensation avant de l'inviter à un autre mouvement d'âme. On prépare l'entrée des protagonistes. On leur ménage aussi des sorties, en tâchant de ne pas recourir à ces trucs grossiers et rituels qui déclenchent l'applaudissement...

Et, souriant, M. Tristan Bernard conclut :

> C'est tout ce travail solitaire que les écrivains appellent, dans leur ambition, leur prétention, leur présomption, l'art du théâtre[1].

Un texte dramatique, c'est un jeu en puissance.

Vous avez le droit de dire que la représentation extérieure n'ajoute rien à certaines œuvres, qu'elle gâte même, pour vous, la perfection de *Bérénice* ou d'une comédie de Musset. Une représentation intérieure sera pourtant l'accompagnement spontané de votre lecture. On ne lit pas *Bérénice* ou une comédie de Musset comme un roman ; même le lettré qui n'aurait nul besoin de voir pour sentir et dont l'intelligence ne solliciterait dans ses plaisirs aucune complicité de l'imagination, comment n'entrerait-il pas alors dans un monde où glissent des fantômes d'acteurs ?

La « chose théâtrale » n'est pas « chose littéraire » précisément parce qu'elle n'est pas une chose : même dans le livre, c'est toujours l'acteur. Le lecteur, ici, chercherait en vain le tête-à-tête avec l'auteur. Une intuition confuse des entrées et des sorties crée un espace où les personnages les plus rebelles à l'imagerie trouvent une ombre de corps ; les mots se détachent du texte avec les inflexions qui doublent leur sens d'une valeur dramatique ; la fable, surtout, n'apparaît jamais à travers l'écrivain qui la voit. Racine ne raconte pas le roman de Titus et

---

1. Tristan Bernard, « Division du travail », feuilleton du *Temps*, 9 août 1926. Sur la psychologie de l'auteur dramatique et la création des personnages, voir la très intéressante enquête d'Alfred Binet et J. Passy, dans l'*Année psychologique*, t. I, 1894, p. 60-118 : « Etudes de psychologie sur les auteurs dramatiques » [notamment les témoignages provoqués et commentés par les psychologues de V. Sardou, A. Dumas, A. Daudet] et, p. 119-173, l'étude signée d'A. Binet seul : François de Curel, *Notes psychologiques* [document extrêmement précieux pour la psychologie de l'imagination créatrice]. Alfred Binet est revenu plus tard à son enquête et a donné, *ibidem*, 1904 : *La Création littéraire. Portrait psychologique* de M. Paul Hervieu.

Bérénice. Racine n'est pas davantage le speaker de la radio qui me dit : Bérénice est assise, Titus fait quelques pas vers elle…

L'auteur ne monte pas sur la scène, même sur la scène imaginaire de son lecteur ; il disparaît comme écrivain afin de laisser face à face ses personnages et les témoins de leur vie ; même lorsque ceux-ci ne sont pas des spectateurs, ils demeurent des assistants. Le texte de l'œuvre dramatique est déjà un monde de formes en mouvement.

*

Par peur d'attacher une trop grande importance au spectacle, on nous rappelle volontiers aujourd'hui qu'« une pièce est une œuvre écrite avant d'être une œuvre parlée », comme Pierre Brisson ne se lassait pas de le répéter dans ses intéressantes chroniques du *Temps*, puis du *Figaro*[1]. Henry Becque disait même : « Le vrai théâtre est du théâtre de bibliothèque »[2] ; et Courteline : « L'essentiel pour un auteur est de posséder un théâtre écrit, qu'on puisse lire après l'avoir entendu »[3].

Si de telles formules signifient que les qualités littéraires d'un texte ne sont nullement indifférentes à son destin, qu'elles seules permettent à l'œuvre de survivre à une actualité heureuse et même à des échecs devant un public mal préparé à la comprendre, rien de plus juste. C'est simplement constater

1. Pierre Brisson, feuilleton du *Temps*, 10 novembre 1931, sur J. Giraudoux, *Le Discours de Chateauroux* ; feuilleton du *Figaro*, 22 octobre 1934, « A propos du nouveau spectacle de M. Gaston Baty ». Cf. *Au hasard des soirées*, Paris, Gallimard, 1935 : « La représentation n'est qu'un complément, et non pas indispensable » (p. 391) ; et *Du meilleur au pire, ibidem*, 1937, p. 142.

2. Henry Becque, *Œuvres complètes*, Paris, Crès, t. VII, 1928, *Notes d'album*, p. 118.

3. Rapporté par Paul Haurigot, *Comœdia*, 6 octobre 1926 ; cf. Paul Haurigot, *Trois auteurs d'aujourd'hui*, dont « Où va le théâtre ? », Paris, *Les Cahiers de la république des lettres, des sciences et des arts*, n° 3, 15 juillet 1926, p. 64.

que le théâtre est un art et que, si la beauté est la raison d'être de l'art, le théâtre doit être création de beauté dans toutes ses parties, à commencer par le texte qui en est la partie centrale. Mais traduire les remarques de Becque et de Courteline comme le fait Pierre Brisson : « les grandes œuvres dramatiques demeurent des œuvres de bibliothèque ; la représentation n'est pour elles qu'un surcroît », c'est nier l'essence même du théâtre. Pour une œuvre vraiment dramatique, demeurer dans une bibliothèque, ce n'est pas seulement attendre les lecteurs : c'est attendre des acteurs.

CHAPITRE II

L'ACTION

Un drame, c'est une action.
Qu'est-ce que l'action[1]?

1. Aristote ne semble pas distinguer l'action de la fable (voir la note 1, p. 13-14). Il y a intérêt à réserver le mot *action* pour désigner l'idée dramatique, sorte de « schéma dynamique », principe de vie et d'unité, les mots *fable* ou *intrigue* qualifiant la trame des actions concrètes qui extériorisent l'action.

Cela a été très bien exprimé par Pierre-Aimé Touchard, *Dionysos, Apologie pour le théâtre*, Paris, Aubier, 1938, p. 65-66 : « L'action, c'est le mouvement organique par lequel une situation – dans la tragédie – ou un caractère – dans la comédie – naissent, se développent et s'écroulent. L'intrigue, c'est l'enchevêtrement des événements au milieu desquels cette action se déroule. L'intrigue peut être simple ou complexe. L'action est toujours une. Si, dans un spectacle, apparaît subitement un assassin qui égorge un enfant (scène dont l'effet pathétique est certain et jamais épuisé), cela peut provoquer un rebondissement d'intrigue, mais demeurer totalement étranger à l'action si le développement de la tragédie ne réclame pas nécessairement ce meurtre ». Voir aussi p. 137-138.

Il conviendrait naturellement de préciser cette *nécessité* et de ne pas introduire, à la faveur d'une métaphore *biologique*, une définition de l'action détournant de l'*historique*, où règnent l'imprévu et l'imprévisible. Les notions de « mouvement organique » et de « développement » doivent être prises ici sans aucune idée de préformation.

I. – Digression sur l'acte volontaire

Interrogé au baccalauréat sur la psychologie de la volonté, un bon candidat répond :

L'acte volontaire a quatre temps :

1) Je me pose une question ;
2) Je délibère, pesant le *pour* et le *contre* ;
3) Je décide ;
4) J'exécute.

Ce schéma peut être mis en rapport avec le schéma plus général qui divise l'esprit en trois facultés, intelligence, sensibilité et volonté. Il devient alors :

1) L'intelligence pose la question ;
2) La délibération est un examen des motifs donnés par l'intelligence et des mobiles suggérés par la sensibilité ;
3) La décision est le fait propre de la volonté ;
4) Quant au quatrième temps, on y voit volontiers un appendice ou un épisode accidentel, puisque l'acte volontaire est complet même si, au dernier moment, je n'ai pas la possibilité matérielle de l'exécuter.

Le très bon candidat va plus loin : il expose les « théories ». Il montre comment toutes les « théories » de la volonté trébuchent à l'acte III :

Ou bien, quand je décide, je cède à une force qui était inhérente à certains motifs ou mobiles ; la balance penche sous le poids des idées et la poussée des sentiments. Alors, la volonté n'est pas comme bloquée au troisième temps ; elle était diffuse dans les représentations qui tournaient dans mon esprit pendant la délibération. Mais qu'est-ce qu'une volonté diffuse si la volonté est essentiellement une concentration, un effort dirigé ? Et surtout, s'il y a continuité de la délibération à la décision, où finit l'intelligence et où commence la volonté ? Où est la limite entre la sensibilité et la volonté ? Y a-t-il même une volonté distincte des deux autres facultés ?

Ou bien la volonté surgit à l'acte III, jugement imprévu et peut-être imprévisible au terme d'une enquête et d'une discussion impartiales. Mais d'où vient-elle? Comme il est mystérieux, ce juge qui assiste, invisible et immobile, à la délibération et qui fait brusquement irruption pour dire l'action! Il ressemble vraiment trop au *deus ex machina* qui intervient parce qu'il faut un dénouement pour finir la comédie.

*

Sans proposer une psychologie complète de la volonté, il suffit d'un simple regard sur la vie intérieure pour décrire la conscience en train d'hésiter, de délibérer et de décider.

Le principe de l'acte volontaire est au quatrième temps du schéma scolaire : dans le déroulement concret d'un tel acte, ce qui occupe constamment notre esprit, c'est la pensée de l'exécution.

Si nous reprenons le schéma scolaire, le premier temps est celui qui met en question un acte possible : quel acte exécuter? Délibérer, c'est envisager l'exécution de tel ou tel acte en la justifiant ou en la désapprouvant. Décider, c'est naturellement décider d'exécuter. Exécuter, c'est transformer cette volonté d'acte en acte de volonté.

La pensée de l'exécution se meut parmi les possibles. Son espace est l'avenir. Sa connaissance est prévision et son langage, pré-diction. Son climat est celui de l'hypothèse. Elle se conjugue au conditionnel et au futur : la décision substitue ce qui sera à ce qui serait. Au présent, ce n'est plus la pensée de l'exécution, mais l'acte exécuté, geste et idée dans l'éclair d'un instant.

Exécuter suppose un exécutant. La pensée de l'exécution est celle du *moi* exécutant. Sortirai-je? C'est moi que je vois sortant. J'hésite, car il pleut : je me vois sous la pluie, avec tous les inconvénients de la situation, compensés ou non par les avantages de la sortie. Délibérer, n'est-ce pas feuilleter un album de silhouettes surmontées d'un point d'interrogation, chacune de ces silhouettes représentant un moi possible? La décision est à la fois un acte et un arrêt : l'acte de s'arrêter à l'une de ces images. Vouloir, c'est se vouloir tel ou tel en renonçant à se vouloir tel et tel.

La pensée de l'exécution suppose une raison d'exécuter : or les raisons d'agir appartiennent à l'ordre du bien. Que faire? La question sous-entend les mots qui introduisent le point de vue de la perfection : convient-il que je prenne ce chemin? Est-il bon que je cède à ce désir? Est-il mieux que je devienne celui-ci ou celui-là? Quelle que soit l'échelle des valeurs adoptée, qu'il s'agisse de moralité ou d'utilité ou de simple agrément, la pensée de la volonté est celle d'un moi qui se cherche, en face d'un avenir qui, comme un miroir à multiples faces, projette autour de lui des images de son destin. L'hésitation de la volonté signifie le recueillement de la personnalité devant ses personnages : lequel de ces moi possibles est vraiment moi? A la limite, la volonté sereine coïncide avec la vocation.

Ainsi, le *fiat* de la décision n'est nullement la conclusion logique d'un raisonnement ni le résultat mécanique d'une pesée ni le coup de marteau d'un commissaire-priseur caché derrière la raison qui calcule les enchères : il marque le moment où la personnalité se complaît dans un personnage et s'y arrête. La délibération est l'essayage des moi possibles; j'ai essayé plusieurs pardessus, je garde «celui qui me va», avec ou sans retouches; j'ai revêtu divers moi : l'un d'eux me convient ou me conquiert si fortement que je me sens parfaitement à mon aise et me reconnais en lui. Le mystère de la volonté est dans cette séduction où je suis le séducteur de moi-même.

Le déroulement concret de l'acte volontaire est un film ou plutôt la collection des divers films qui représentent mes ave-

nirs possibles. Chacun me projette dans un certain milieu physique et social; je me vois parmi d'autres hommes; j'évoque
les paysages de chaque destinée ouverte, je ressens déjà les
peines et les joies de ces situations que ma décision peut créer.
Je me fixerai en considérant les décors de ma future vie et les
relations qu'elle m'imposera. Dans l'existence quotidienne,
mes habitudes et la société m'offrent des moi prêts à porter,
qu'une simple rectification ajuste rapidement : la délibération
n'a pas le temps de prendre la précision et le relief d'un dessin
animé. Mais ces ombres fugitives qui effleurent la conscience
sont des schémas de personnages, des esquisses de scènes, des
bribes de dialogues, des directions de mouvements. Que l'on
songe aux engagements solennels, choix d'une carrière, sur-
prise d'un devoir imprévu : l'action apparaît bien doublée
d'une pensée dont le contenu n'est pas seulement conceptuel,
une *pensée par personnages et par scènes*, où l'image a
un visage, où les objets ont une âme, où les idées abstraites
sont des gestes stéréotypés, où le raisonnement court à travers
un scénario.

   S'il en est ainsi, ne faut-il pas prendre à la lettre une expression telle que : la conscience est le théâtre d'une délibération ?

II. – Signification du théâtre

   La conscience qui délibère est réellement un théâtre et
la décision, un dénouement. Une vérité profonde éclaire,
de même, le double sens de *persona* qui désigne le masque
du comédien et la personne, comme le double sens d'acteur
signifiant à la fois l'homme « embarqué » et celui qui monte
sur la scène.

   A l'origine du théâtre se trouve la volonté, avec ce privilège qu'à l'homme de jouer sa vie avant de la vivre.

*

La différence entre le jeu intérieur et le jeu théâtral est d'abord celle qui tient à l'essence de tout art. L'activité esthétique est essentiellement désintéressée ; des fruits de Chardin et des fruits sur la table ne nous envoient pas le même appel : les derniers sont un objet d'alimentation, les premiers sont un objet de contemplation. Les seconds sont devant moi : je suis devant les premiers. Ce changement de position à l'intérieur de la relation qui nous unit marque bien le retournement d'intérêt qu'est le désintéressement : je les considère pour eux-mêmes et non pour moi, dans le renoncement à mon univers quotidien, comme si, brusquement, « les exigences du monde avaient cessé de me concerner »[1].

Je n'ai pas faim devant les fruits du tableau ; je ne suis pas pressé dans la cathédrale que je visite ; je ne suis pas ingénieur devant la cascade ; le poète arrête le bras du bûcheron et défend les vieilles pierres contre les décrets de l'urbanisme allié à l'hygiène. Qu'il s'agisse du créateur ou de l'amateur, qu'il s'arrête devant la nature ou une œuvre de l'art, la perception esthétique est à la fois contemplation et divertissement : contemplation qui libère l'esprit de l'espace vital et suspend le métier d'homme, divertissement lui offrant une délectation plutôt qu'une science.

Le théâtre est le film de l'acte volontaire détourné de la conscience agissante et devenu spectacle à la faveur du désintéressement esthétique. La pensée par personnages et par scènes cesse d'être sérieuse : elle s'achève dans une existence fictive sur les tréteaux et non dans une existence réelle sur la terre. Ce ne sont désormais que simulacres d'« embarquements ». La personne n'entre dans aucun de ses personnages ; elle s'en détache, comme si elle refusait de vivre en eux afin de les laisser vivre par eux-mêmes et pour eux-mêmes. Le moi

---

1. Charles Morgan, *Fontaine*, Paris, Stock, 1934, p. 33.

ne s'engage plus : il se contente de prolonger le jeu intérieur en jeu extérieur ; la pensée de l'exécution se retire de l'acte volontaire et, si nous reprenions le schéma classique en quatre temps, nous dirions : il y a art théâtral lorsque l'extériorisation est substituée à l'exécution.

*

Par le théâtre, l'action quitte l'ordre de l'action. Paradoxe, car elle conserve les apparences d'une action réelle et actuelle. Le poète et le romancier racontent ; quelle que soit l'émotion du récitant, un récit est toujours une opération à froid. Même un roman qui se présente comme une suite de lettres ne livre ses aventures qu'après coup. Ce sont les personnages et non l'auteur qui tiennent la plume ; ils ne s'adressent pas à nous mais les uns aux autres : la fiction cependant ne leur prête vie que pour écrire ; le romancier, déguisé en archiviste, n'attribue l'existence réelle et actuelle qu'à du papier.

Le dramaturge, comme le romancier, joue sur deux sens du mot « intérêt » : il rend une action intéressante pour des hommes qui n'y sont pas directement intéressés. Mais, au théâtre, le désintéressement esthétique ne profite pas de celui qu'un certain recul prépare déjà. Au contraire, les intérêts représentés conservent leur brûlante actualité, quoiqu'ils ne brûlent actuellement personne. Les malheurs d'Andromaque et d'Hermione nous intéressent, pas au sens, toutefois, où ils les intéressent : et pourtant, ils nous intéressent, nous qui sommes désintéressés, dans la mesure où ils les intéressent, elles qui sont engagées.

Ils ne nous intéressent même au premier sens qu'à la condition de ne pas nous intéresser au second. Le roi et la reine de Danemark quittent la salle lorsque les comédiens reproduisent leur ancien crime – *what, frighted with false fire!* Quoi! raille Hamlet, pour une décharge à blanc ! En effet, ce n'est plus du jeu. Une pièce qui est la répétition de mon histoire cesse d'être une histoire : elle me remet dans une situation qui fut sérieuse et qui le reste ; elle me rejette sur le plan de l'action.

La brusque fuite du roi Claudius accuse la différence entre l'action exécutée et l'action extériorisée. La pensée de l'exécution est une pensée par personnages et par scènes dont je suis le centre ; l'action part de moi et revient à moi ; elle dessine autour du *je* un cercle où les êtres et les choses existent dans un rapport à lui : la moralité, d'ailleurs, n'est que la résistance à la tentation naturelle de transformer cet égocentrisme en égoïsme. Mais le *je* de l'action est trop intérieur pour s'extérioriser comme tel ; il représente ce qui ne sera jamais extérieur. Dès que je suis assis devant le rideau, je cesse d'être acteur sur la scène du monde sans devenir acteur sur la scène du théâtre : je suis figurant et surtout confident. Cela, même si je suis l'auteur de la pièce. N'agissant plus, mon moi perd sa position centrale ; ma vie personnelle n'est plus l'axe de ma biographie : ce qui compte alors pour moi, c'est Andromaque. Installé à la périphérie d'un univers qui n'est pas le mien, je suis prêt à suivre de toute mon âme des actes qui ne me suivront pas.

A l'origine du théâtre, il y a la volonté, mais une volonté qui a cessé de vouloir.

III. – LES DEUX DIRECTIONS DE L'ACTION

Extériorisation de l'acte volontaire, telle est la signification du théâtre.

Une observation psychologique très banale montre l'activité devenant volontaire lorsqu'elle se heurte à une résistance ; il y a choix lorsque la solution ne s'offre pas comme « allant de soi », suivant une expression courante très profonde. Or, la résistance peut venir de deux côtés : de moi ou de ce qui est extérieur à moi. Deux types d'actions caractérisent ma conduite volontaire : les unes sont dirigées de manière à vaincre un obstacle qui réside dans le sujet, les autres sont tournées contre un obstacle constitué par les objets.

Une telle distinction est certainement simpliste ; elle supposerait que nous pouvons facilement et rigoureusement séparer l'intérieur et l'extérieur. La société est extérieure à moi sous forme d'institutions, de codes, de corps constitués : mais elle est intérieure à moi sous forme de convictions, d'impératifs collectifs, d'attitudes imitées, de phrases toutes faites. La nature, ce sont des arbres, des rivières, un climat, un milieu, tout ce qui tient dans une géographie dite humaine : c'est aussi ma nature, des organes, des appétits, les plis de l'habitude, les replis de l'hérédité. Le destin, la fatalité peuvent être sentis comme une puissance lointaine dont nous sommes les jouets ou comme une force qui chemine en nous sans paraître, pourtant, venir de nous. Dieu est le père qui réside dans les cieux en même temps que « le maître intérieur », « quelqu'un qui soit en moi plus moi-même que moi ».

Mais peu importe ici que la transcendance et l'immanence ne soient jamais radicales dans l'existence concrète. Il suffit que la résistance à la volonté soit sentie surtout comme extérieure ou sentie surtout comme intérieure et il y aura deux types d'actions au théâtre comme dans la vie.

La question est alors de savoir si les mêmes moyens d'extériorisation sont requis pour représenter ces deux types d'actions. Un conflit entre l'amour et l'honneur divise l'âme de Rodrigue ; Titus est partagé entre son devoir d'empereur et sa passion pour Bérénice : drames de la vie intérieure. Mais l'univers où vivent Rodrigue et Titus est plus grand que celui de leur drame ; ou plutôt leur drame tient à d'autres que les poètes ont volontairement laissés dans la coulisse. Corneille aurait pu nous conduire au camp de Rodrigue et sur le champ de bataille où il triomphe des Maures ; Racine aurait pu suivre Titus au Sénat, donner une illustration somptueuse à la rencontre de l'empereur et de l'empire. Shakespeare accompagne Brutus à la guerre et Coriolan au Forum. Chaque auteur choisit le point de vue sur le réel qui lui convient. Il n'y a aucune hiérarchie entre ces points de vue : l'un n'est pas plus raffiné que l'autre ; celui-ci n'est pas plus dramatique que celui-là. La représentation n'obéit qu'à une seule exigence, celle qui se trouve inscrite dans la nature de l'action à représenter.

*

Lorsque l'action est dirigée contre une résistance inté-rieure, elle est uniquement psychologique, puisque les deux termes de l'opposition sont des puissances de l'âme. L'exté-riorisation apparaît surtout comme une prise de conscience ; elle coïncide avec un effort de lucidité. L'expression normale d'un tel théâtre est le langage, dont personne ne conteste la supériorité intellectuelle et la précision sentimentale. La matière de l'œuvre sera surtout faite de mots. Cela ne veut pas dire que la représentation soit superflue : si intime que soit le drame, le théâtre est représentation ; l'art d'une Bartet dans *Bérénice* jette une lumière nouvelle sur un texte vingt fois relu. Mais, justement, la représentation tient ici presque unique-ment à la présence de l'acteur ; le metteur en scène est avant tout le professeur de ses acteurs. Décors, costumes, éclairages ne sont qu'un cadre ; leur discrétion ne détourne jamais l'attention de l'essentiel qui est dans les âmes. Il est nécessaire d'évoquer autour de Roxane une Turquie plus poétique qu'historique, dont l'exotisme crée, au premier regard, le dépaysement ; il ne faudrait pas beaucoup d'imagination pour ajouter à *Bajazet* le luxe d'un grand spectacle avec des visions d'Orient : ce serait un contresens.

Lorsque l'action est dirigée contre une résistance exté-rieure, ses deux pôles ne sont plus de même nature et il faut bien représenter le second sous les apparences sensibles qui le manifestent dans son extériorité. Racine aurait pu commencer *Athalie* par l'apparition de Jézabel ; il ne l'a pas fait : n'intro-duisons pas des fantômes dans sa tragédie et, sans rien voir que la vieille reine frémissante, écoutons le récit du songe. Mais Shakespeare commence la tragédie de Hamlet par l'apparition du roi assassiné. Elle joue un rôle capital dans la pièce; puisque, sans elle, Hamlet resterait un étudiant mélancolique et amoureux. Il ne peut être question d'escamoter le revenant sous prétexte qu'il symbolise un pressentiment du jeune prince ou sa conscience morale; il n'est même pas permis de la traiter comme une hallucination : l'ombre est vue par les gentils-hommes de garde. Le poète a voulu une matérialisation aussi sensible et impressionnante que possible; il faut donc sentir la nuit qui envahit la terrasse d'Elseneur, entendre sonner les douze coups de la douzième heure, frémir avec les vivants qui reçoivent la visite du mort. Texte, diction, gestes, jeux de lumière, architecture du décor, inventions du metteur en scène forment vraiment une totalité vivante : si l'un de ces éléments vient à manquer, la tragédie de Hamlet n'existe plus d'une existence intégrale.

« Inventions » du metteur en scène, le mot n'est pas trop fort et ne qualifie aucun abus de pouvoir. Un mort qui parle pose un redoutable problème au metteur en scène contemporain; le public croit si peu aux fantômes qu'il ne frémit pas facilement à leur approche : comment la tragédie restera-t-elle tragique malgré le revenant qui justement doit donner le ton? A la Comédie-Française, M. Emile Fabre réduisait sa substance à la voix de M. Albert Lambert sous le reflet d'un casque. Georges Pitoëff projetait une ombre grandissante et impérieuse comme l'appel du vieux roi. Une tache verte sillonnait la scène de M. Gaston Baty, lueur folle qui sera l'étoile de Hamlet. En 1984, à Rome, M. Franco Zaffirelli plonge la terrasse d'Elseneur dans un brouillard magique qui la transforme en un lieu propice aux apparitions et aux délires.

Ces deux types de représentation ne correspondent nullement à deux théories mais à deux faits : ici et là, l'action commande son extériorisation. Il n'y a pas, d'un côté, un théâtre où les mots seraient tout et, de l'autre, un théâtre où ils ne seraient qu'un mince livret : il y a des œuvres où la parole dit à peu près tout et des œuvres où d'autres moyens d'expression sont requis. Que *Hamlet* doive sa forme parfaite à la poésie de la mise en scène, cela ne diminue ni l'importance ni la beauté du poème. Il n'y a pas davantage, d'un côté, un théâtre psychologique et, de l'autre, un théâtre moins préoccupé de l'âme : le fantôme d'Elseneur hante la tragédie la plus psychologique et même la plus intellectuelle de Shakespeare. Un drame n'est pas moins psychologique parce que l'homme se heurte à une puissance qui agit sur lui de l'extérieur : quand M. H.-R. Lenormand raconte la possession de l'Européen par l'Afrique, celle-ci doit être pour nos yeux et tout notre corps « ce carreau de feu sur le ventre de la terre » dont parle Claudel[1]; elle est aussi le démon qui éveille aux sources intimes de l'être un monde d'impulsions, de suggestions, de perversions.

Les deux types d'extériorisation ne sont en aucune manière incompatibles; ils peuvent co-exister dans la présentation d'une même œuvre. Le théâtre, comme expression d'une volonté qui joue, suit simplement les deux directions d'une volonté qui veut.

---

1. Paul Claudel, *Le Soulier de satin*, Paris, N.R.F., 1929, t. I, p. 32. – Les pièces africaines de Henri-René Lenormand, *Le Simoun* et *A l'ombre du mal*, sont publiées dans son *Théâtre complet*, Paris, Crès, t. II, 1922, et t. IV, 1925. Sur les caractères généraux de ce théâtre et de son esthétique, voir : Daniel-Rops, « Sur le théâtre de H.-R. Lenormand », *Cahiers libres*, Paris, 1926, et « H.-R. Lenormand et le rôle de la musique dans son théâtre », dans *La Revue musicale*, 1ᵉʳ mars 1927. Ajoutons le très beau livre d'H.-R. Lenormand lui-même : *Les Confessions d'un auteur dramatique*, Paris, Albin Michel, 2 vol., 1949.

CHAPITRE III

L'UNIVERS DE LA REPRÉSENTATION

L'œuvre dramatique n'est pleinement elle-même qu'à la scène. Le spectacle est donc une partie essentielle, ou mieux, comme dit Aristote, « l'organisation du spectacle » et même, en jouant légèrement sur les mots, l'univers de la représentation[1].

I. – LE MONDE DES MÉTAMORPHOSES

Sur la scène, l'action est rendue présente par l'acteur.

Présence de l'acteur, présence par l'acteur…

De là le paradoxe du théâtre : ses fictions vivent par la grâce de présences réelles. De là son exceptionnelle grandeur : des créatures vivantes sont requises afin que le texte dramatique ou comique devienne un drame ou une comédie. De là enfin le péché très particulier au faux art de théâtre qui est une espèce de prostitution.

---

1. Voir la note 1, p. 13-14, et les curieuses remarques sur le rôle du metteur en scène.

> ... Les Vierges qui, des branches de laurier à la main,
> s'avancent solennellement vers le temple d'Apollon en
> chantant des hymnes, conservent leur personnalité et leur
> nom : le chœur dithyrambique est un chœur de méta-
> morphosés qui ont entièrement perdu le souvenir de leur
> passé familial, de leur position civique... L'enchantement
> de la métamorphose est la condition préalable de tout
> art dramatique[1].

Enchantement ou mieux envoûtement sacré, proclame le jeune
Nietzsche, et malheur à l'histrion, ce comédien sans l'extase!
Ne retenons que le fait de la métamorphose, détaché de la
philosophie érudite et brûlante qui le découvre à l'origine de la
tragédie. Il signifie que le mystère du théâtre n'est pas seulement celui de toute création artistique : le mystère du poète est
ici doublé du mystère de l'acteur.

La volonté de métamorphose[2] apparaît sous de multiples
formes qui ne sont pas toutes théâtrales ni même esthétiques;

---

1. Nietzsche, *L'Origine de la tragédie*, traduction Marnold et Morland,
Mercure de France, p. 81. Cf. p. 80 : « Le phénomène dramatique primordial »
est : « se voir soi-même métamorphosé devant soi et agir alors comme si l'on
vivait réellement dans un autre corps, avec un autre caractère ». Voir aussi le
curieux chapitre « Masques » dans Ernst Bertram, *Nietzsche, Essai de
mythologie*, traduction Pitrou, Paris, Rieder, 1932.

2. Joseph Baruzi, *La Volonté de métamorphose*, Grasset, 1911. Ce beau
livre ne vise pas directement la métamorphose théâtrale; la volonté de métamorphose est ici une puissance architectonique créatrice de formes, plus
lointaine que l'âme et le corps, source essentielle de l'individualité. La
métamorphose théâtrale trouve son principe p. 13 : « Nos sensations, indéfiniment multiples et divergentes, recèlent un élément commun : la tendance à
devenir pour elles-mêmes un jeu, à projeter des fantômes, à se nimber d'une vie
dramatique ».

Sur les problèmes psychologiques posés par la métamorphose du
comédien, voir : Diderot, *Paradoxe sur le comédien*, présenté par Jacques
Copeau, Plon, 1929 ; Dussane, *Le Comédien sans paradoxe*, Paris, Plon, 1933 ;
Louis Jouvet, « L'Art du comédien », dans *L'Encyclopédie française*, t. XVII,
1936 ; André Villiers, *La Psychologie du comédien*, nouvelle édition, Odette
Lieutier, 1946, qui contient une bibliographie importante.

elle se manifeste jusque dans les replis de la conscience de soi, n'étant qu'une aptitude normale et universelle de la pensée de l'homme sur l'homme. Au théâtre, la métamorphose signifie beaucoup plus que vivre par l'imagination une autre vie, comme le font l'auteur et le lecteur de ce rêve bien lié qu'est un roman : elle s'achève sur la scène où les personnages deviennent des rôles, des personnes réelles enrôlées.

Cet achèvement la caractérise si profondément qu'il détermine le commencement : elle commence dans l'esprit de l'auteur de telle manière qu'elle puisse s'achever sur la scène. Le dramaturge n'écrit pas pour le public mais pour l'acteur qui parle et joue devant le public. La présence future de l'acteur l'obsède, principe d'une métamorphose qui annonce et préfigure celle de la scène.

> Je travaillais devant ma glace ; je cherchais jusqu'aux gestes de mes personnages, et j'attendais que le mot juste, la phrase exacte me vinssent sur les lèvres[1]...

Cette métamorphose dont Henry Becque subissait l'irrésistible attrait n'est ni celle d'une âme évadée ni celle d'un corps déguisé, mais la seconde vie du comédien.

Mounet-Sully est Œdipe. Le monde qui tourne autour de lui est celui d'Œdipe. Mounet-Sully est Œdipe, s'il est dans le monde d'Œdipe, si, dans le monde d'Œdipe, rien ne rappelle un monde qui n'est pas celui d'Œdipe. La casquette d'un machiniste oubliée sur le plancher et tout s'effondre. Qu'un acteur ne sache pas son rôle et le décor ne joue plus le sien. La métamorphose du comédien crée un univers nouveau qui doit être sans fissure pour être un univers.

Dans *L'Année psychologique*, 1997, Alfred Binet a publié des « Réflexions sur le paradoxe de Diderot », conclusion d'une enquête entièrement défavorable à Diderot auprès de Mme Bartet, de Got, Mounet-Sully, Paul Mounet, Le Bargy, Worms, Coquelin, Truffier, de Féraudy.

1. Cité par Jacques Copeau, *Etudes d'art dramatique, Critiques d'un autre temps*, Paris, N.R.F., 1923, p. 11.

L'acteur n'est pas un homme nu sur un plateau nu. Son corps veut un costume et son corps habillé se meut dans un espace où la lumière éclaire des choses, où l'obscurité engloutit des objets. Sa vie se déroule dans un temps avec des dates et des durées. Tout tient ensemble au théâtre comme dans ce que nous appelons la réalité : représenter est rendre présent l'ensemble.

*

L'univers de la représentation est essentiellement non sérieux, si tragique que soit l'action représentée.

Mounet-Sully est Œdipe. Toutefois, ce qui atteint Œdipe ne l'atteint pas : il n'a plus besoin d'Antigone pour regagner sa loge. Toutefois encore, il n'est nullement responsable de ce que fait Œdipe : extérioriser un acte n'est pas l'exécuter. Depuis ses origines, le théâtre vit de crimes qui ne sont pas commis. La métamorphose du comédien signifie la possibilité de jouer à vivre.

Aussi l'introduit-elle dans un univers entièrement truqué. César agonisant est un homme en excellente santé. Ce Chérubin est une jeune fille. Quelques mètres carrés deviennent toute la terre et aussi le ciel ou l'enfer. Cette lumière qui tombe d'un projecteur est celle du soleil. Cette toile est un jardin. Ce grondement dans la coulisse est le tonnerre. Les dates sont aussi fausses que le reste ; la durée même est allégée de sa substance : cinq minutes entre deux actes ont permis à dix années de s'écouler. La représentation n'est pas plus soumise au vraisemblable qu'au vrai : Néron parle français et des servantes s'entretiennent en alexandrins.

La représentation n'est pas mensonge, mais convention. Le théâtre ne demande aux hommes et aux objets que d'exister : il fixe ensuite ce qu'ils seront. Le dramaturge est démiurge : il ne peut faire que quelque chose soit là où il n'y a rien, mais il institue par décret la nature des choses. La représentation est donc une action rendue présente à coup d'artifices.

Toute tentative pour diminuer l'artificialisme du théâtre est inutile et absurde : c'est demander au théâtre d'être un peu moins le théâtre. Que trois heures en représentent vingt-quatre ou qu'elles représentent vingt ans, le temps de la représentation n'est pas égal au temps représenté : faire tenir une journée dans une soirée n'est pas moins conventionnel que d'y faire tenir une vie. Une fois admis que l'on sera pendant cinq actes dans la même salle d'un palais romain avec les contemporains d'Auguste, on ne voit pas quelle invraisemblance ajouterait une promenade dans le jardin ou à l'autre bout de l'empire. Pas plus qu'Aristote, la raison n'a jamais prescrit l'unité de temps ni l'unité de lieu. On accepte ou l'on n'accepte pas la convention fondamentale qui accorde au théâtre un temps et un espace de fantaisie ; si elle est acceptée, la raison recommande simplement de respecter la règle du jeu [1]. Tout au plus peut-on soupçonner un rapport entre l'unité d'action et

---

1. Cf. René Bray, *La Formation de la doctrine classique en France*, Paris, Hachette, 1927, 3ᵉ partie, chap. v ; Jacques Schérer, *La Dramaturgie classique en France*, Paris, Nizet, s. d., 3ᵉ partie.

Sur la philosophie sous-jacente à la doctrine classique, Etienne Gilson, « Scolastique et esprit classique », dans *Les Idées et les lettres*, Paris, Vrin, 1932 ; pour le théâtre, voir p. 253 *sq.* M. Gilson pose une question très intéressante dont la solution ruinerait définitivement la thèse qui présente comme cartésienne l'esthétique des dramaturges classiques. « S'il y a un problème à résoudre, et il vaudrait la peine qu'on l'étudiât, ce n'est pas de savoir comment la scolastique a empêché l'art classique de venir au monde, mais comment et pourquoi elle ne l'a pas engendré plus tôt ; car s'il n'y a rien de plus scolastique que l'art classique, il n'y a rien de moins scolastique, de moins aristotélicien, de moins héllenique, ni de plus spontané que l'art français du Moyen Age. Pourquoi ces hommes qui vivaient d'Aristote n'en ont-ils pas tiré des tragédies ? Probablement parce que, à la différence de sa *Physique*, Aristote n'en avait laissé que les règles. S'il avait pris la peine d'en écrire, le Moyen Age les eût sans doute copiées ; mais aussitôt que l'on a voulu, sinon en écrire, du moins savoir comment on devait les écrire, c'est à lui qu'on en a demandé la théorie, comme on lui demandait celle de tout le reste » (p. 253-254).

une certaine unité de temps ou de lieu : l'unité d'action est une expression très vague dont le sens varie avec chaque type d'action ; la question n'a aucune portée générale et ne concerne pas l'essence du théatre.

Le réalisme dans la représentation ne rapproche pas davantage le théâtre de la réalité. Peu importe que le poulet soit en carton ; le comédien n'est pas sur la scène pour dîner : ce que le personnage mange, l'acteur n'a pas besoin de le manger. Un vrai souper sur la table n'écarte la convention qu'un instant : elle reviendra au galop avec la coupe empoisonnée. Que Clavaroche sortant du placard boive un verre d'eau ou porte à ses lèvres un verre vide ou fasse ce même geste sans verre, il n'est ni plus ni moins loin de la réalité. La représentation est « réalisation » d'actes : le réalisme est une certaine manière de « réaliser » l'acte ; elle ne « réalise » ni plus ni moins que d'autres ; aussi n'est-elle nullement commandée par l'essence du théâtre. Celle-ci exige des hommes réels dans un monde artificiel : réalité et artifice se mêlent au gré du dramaturge. Une pièce comme *La Nouvelle idole* demande qu'une fois posées les conventions fondamentales, une table soit une table et une chaise, une chaise comme en voit chez les marchands de meubles. Mais quand le poète offre *La Nuit des rois « ou ce que vous voudrez »*, il délivre la fantaisie de l'univers quotidien.

II. – LA SYNTHÈSE DRAMATIQUE

La représentation appelle l'acteur qui joue et l'acteur traîne avec soi le monde où il joue. Le théâtre est donc une synthèse d'arts, n'exigerait-il que la participation de l'écrivain et du poète.

Cette synthèse n'est pas un carnaval des arts comme ces revues à grand spectacle qui, autour d'une idée simpliste, juxtaposent figuration, musique, danse, dialogue, chansons, décors compliqués. On n'obtiendrait certainement pas un chef-d'œuvre ou même une œuvre dramatique en réunissant le meilleur poète, le meilleur musicien, le meilleur peintre, les meilleurs acteurs et les plus habiles techniciens du costume et de l'éclairage. La synthèse théâtrale s'organise de l'intérieur; l'idée contient sa forme; le drame comprend les moyens de l'exprimer, et tous les moyens sont bons pourvu qu'ils répondent à une nécessité du drame.

Quels sont les arts du théâtre?

> Il est de l'essence du drame, écrit M. Jacques Copeau, en son origine, d'être à la fois parole et chant, poésie et action, couleur et danse, et pour tout dire d'un seul mot, comme faisaient les anciens Grecs : *musique*.

Ajoutons qu'il est aussi architecture, afin d'exprimer plus complètement la pensée de M. Copeau, qui met l'architecte

> au premier rang, au même rang que celui du poète, ... toute forme dramatique étant liée à la forme du théâtre qu'elle épouse, toute action dramatique devant accepter comme donnée première les plans et les volumes et par conséquent le système de représentation suivant lequel elle se déploie [1].

De son côté, M. Gaston Baty écrit :

> D'un état d'âme, la couleur donne d'abord la transcription la plus frappante et la moins profonde. La ligne, immobile ou mobile, en précise quelque chose de plus. Au point où de la sensation jaillit l'idée, commence le royaume du mot, qui est celui de l'analyse. Le vers conduit au-delà, jusqu'à la musique, lorsque l'idée s'évapore en un sentiment ineffable. Peinture; sculpture; danse; prose; vers; chant; symphonie. Voilà les sept cordes tendues côte à côte sur la lyre du drame. Chacune a son registre, plus aiguë que la

---

1. Jacques Copeau, « Une Renaissance dramatique est-elle possible? » dans *Revue générale*, Bruxelles, 15 avril 1926, p. 415 et p. 413.

précédente, plus grave que celle qui la suit. Pour se développer, le thème emprunte des notes à chacune[1].

*

Enumération ou déduction?

Le drame originel et le drame en soi servent surtout à camoufler en une analyse ou une dialectique l'énumération empirique des arts que nous connaissons. Les éléments principaux de la représentation ne seront sans doute jamais posés par déduction. En fait, le théâtre est le point de convergence de tous les moyens d'expression : il est dans son essence d'annexer tous les arts. C'est pourquoi, lorsque le cinéma ajoute un nouveau mode poétique de représentation, la première question devrait être : entre-t-il dans la synthèse théâtrale?

A dire vrai, il y entre d'un mouvement si naturel qu'il n'attend pas la question. Le cinéma s'unit aux arts du spectacle sans théories ni manifestes. Luigi Pirandello et Georges Pitoëff ont recours à lui pour faire connaître «l'actualité» qui est au point de départ de *Comme si ou comme ça*. Nous lisons sur l'écran les dernières nouvelles : un jeune peintre, Giorgio Salvi, s'est suicidé à la veille d'épouser une actrice, Mlle Morello; des entrefilets savamment indiscrets nous laissent deviner que celle-ci venait d'abandonner son fiancé

---

1. Gaston Baty, *Le Masque et l'Encensoir, Introduction à une esthétique du théâtre*, Paris, Bloud et Gay, 1926. Cet ouvrage est précédé d'une longue préface de Maurice Brillant qui, elle-même, contient de nombreux textes empruntés aux brochures ou articles publiés par G. Baty avant 1926. Ce passage est tiré de «Les Sept voix de la lyre», paru dans *La Chimère*, mars 1922, cité par Brillant, p. 34-36. Une partie de *Le Masque et l'Encensoir* a été réimprimée dans *Rideau baissé*, Paris, Bordas, 1949. Pour comprendre l'œuvre de Baty, on ajoutera à cette préface : Auguste Villeroy, «Dix ans de théâtre, De la Comédie Montaigne au Théâtre Pigalle» dans *Masques, Cahiers d'art dramatique*, édité aujourd'hui au Théâtre Montparnasse, n° 18, 1930; et surtout Paul Blanchart, *Gaston Baty*, Paris, La Nouvelle revue critique, 1939. Un numéro spécial de la *Revue d'histoire du théâtre* lui a été consacré en 1953.

pour un certain Michele Rocca, qui devait lui-même épouser la
sœur de Giorgio Salvi. Lorsque le rideau se lève, « l'exposition » n'a plus à raconter un fait divers assez compliqué qui
n'est pas le sujet de la pièce mais qui passionne les personnages de la pièce. Le cinéma rend un service du même genre,
sous une autre forme, au début du *Cyclone*, trois actes de M. de
Carbuccia d'après Somerset Maughan : il met sous nos yeux
l'accident d'aviation qui explique la situation des personnages
au moment où l'action véritable commence. Dans les deux cas,
le film ne remplace aucun tableau du drame et ne substitue
nullement sa représentation à celle du théâtre ; son intervention
supprime seulement des mots, dispensant de dire ce qui est
arrivé avant le drame, ce qu'il faut savoir pour suivre le drame.
Le procédé peut être d'une facilité périlleuse ; pas plus
toutefois que les propos de domestiques ou les confidences
dans une « exposition » purement littéraire.

Le *Christophe Colomb* de Paul Claudel unit intimement la
poésie du film à celle des autres arts ; le cinéma ne reçoit plus
un rôle épisodique : il devient, comme la musique, une expression du drame. Aux décors de l'architecte et du peintre il
appartient de représenter le monde des choses ; mais

> pourquoi ne pas laisser les images, suggérées par la poésie
> et par le son, s'exhaler de nous comme une fumée et se
> déposer un moment sur l'écran pour peu à peu s'effacer et
> laisser la place à d'autres rêves ? Pourquoi ne pas utiliser
> l'écran comme un miroir magique où toutes sortes d'om-
> bres et de suggestions plus ou moins confuses et dessinées
> passent, bougent, se mêlent ou se séparent ? Pourquoi ne pas
> ouvrir la porte à ce monde trouble où l'idée naît de la sensa-
> tion et où le fantôme du futur se mêle à l'ombre du passé ?

La reine Isabelle est en prière dans son oratoire après la prise
de Grenade.

> Sur l'écran devant elle viennent s'inscrire en désordre, dans
> un mouvement plus ou moins rapide, en projection ou obli-

quement, des fragments de foules, des mêlées, des cortèges, des vues de Grenade et de l'Andalousie…

Ensuite, ce sera un saint Jacques colossal, le globe de la terre toute neuve, puis des paroles flamboyantes de saint Jean, un ciel où scintillent d'innombrables étoiles[1]…

*

Toutes les manières de représenter appartiennent à la représentation dramatique. La seule loi est que la représentation réponde aux exigences du drame. Elle signifie qu'un art participe à la représentation lorsqu'il a quelque chose à dire. *Andromaque* n'appelle pas la danse. *Tartuffe* se passe de musique. De là cette importante conséquence, très justement soulignée par Gaston Baty : un art n'a rien à dire s'il répète simplement ce qui est déjà dit. « Il ne s'agit pas de demander aux divers moyens d'expression de traduire à la fois le même thème ; ce ne serait que confusion et pléonasme… La tâche consiste, au contraire, à découvrir dans le thème commun les éléments qui relèvent de chaque art et que seuls il doit seul exprimer »[2].

---

1. Paul Claudel, *Le Livre de Christophe Colomb*, Paris, Gallimard, 1935. Cette œuvre est précédée d'une très importante préface, *Le Drame et la musique* ; ce qui concerne le cinéma au théâtre se trouve p. 35-37. L'indication que j'ai citée en exemple est empruntée à la première partie, scène XV, p. 82.
La publication de la *Correspondance Paul-Claudel – Darius Milhaud* permet de préciser : Claudel semble avoir eu pour la première fois l'idée d'un recours au cinéma en juillet 1919, à l'occasion de *Protée* que Gheusi se proposait de monter au Théâtre du Vaudeville : un film aurait représenté les métamorphoses de Protée (cf. *Cahiers Paul Claudel*, 3, Paris, Gallimard, 1981, p. 53, et note de Jacques Petit, p. 279). On trouvera, en outre, des précisions sur ce que Claudel attendait du cinéma pour son *Christophe Colomb* dans : *Mes idées sur le théâtre*, p. 112-117.
2. G. Baty, art. cit., p. 48, n. 1, texte cité *ibidem* par M. Brillant, p. 34.

Cet appel que lance le drame à un art, Paul Claudel raconte comment il l'entendit *in extremis* lorsqu'il présenta *L'Annonce faite à Marie* à la Comédie des Champs-Elysées avec Gémier.

> Il y a une scène dans la pièce où le père de famille, près de partir pour un long voyage, rompt le pain pour la dernière fois à ses enfants et à ses serviteurs réunis autour d'une table. C'est là une de ces idées qui paraissent toutes simples sur le papier et qui réalisées sur la scène évitent difficilement le ridicule ; et en effet dans les représentations précédentes je n'avais jamais contemplé cet émouvant tableau sans sentir le long de ma colonne vertébrale le frisson de la fausse note. Gémier avec son immense expérience théâtrale n'hésita pas une minute : *Il faut de la musique !* s'écria-t-il. On mit en mouvement un *Glockenspiel* quelconque et la scène passa triomphalement, la sonorité des timbres lui conférant l'atmosphère, l'enveloppe, la dignité et la distance, que la parole à elle toute seule, maigre et nue, était impuissante à fournir[1].

*

L'intervention de tel ou tel art ne signifie nul parti pris d'école : c'est le mouvement naturel du drame qui la provoque.

En 1688, Mme de Maintenon demande à Racine d'écrire pour les jeunes filles de Saint-Cyr une pièce moins dangereuse que les tragédies profanes et plus adaptée aux talents d'une troupe qu'elle souhaite nombreuse. Elle désire des vers, du chant, des petits rôles, de la figuration, des mouvements de groupes. Travailler sur commande n'est pas toujours un mauvais départ pour un poète. Paul Valéry insiste volontiers sur ce point. Or, voici qu'en acceptant d'écrire une tragédie pour jeunes filles, l'auteur de *Phèdre* retrouve une idée ou plutôt une tentation...

---

1. P. Claudel, *Le Livre de Christophe Colomb*, Préface, p. 19-20.

> J'entrepris donc la chose, et je m'aperçus qu'en travaillant
> sur le plan qu'on m'avait donné, j'exécutais en quelque
> sorte un dessein qui m'avait souvent passé dans l'esprit, qui
> était de lier, comme dans les anciennes tragédies grecques,
> le chœur et le chant avec l'action, et d'employer à chanter
> les louanges du vrai Dieu cette partie du chœur que les
> païens employaient à chanter les louanges de leurs fausses
> divinités.

Célébrer une héroïne chrétienne selon la formule dramatique
d'*Antigone*, telle est la signification à la fois spirituelle et artistique d'*Esther*.

Les vœux de la directrice de Saint-Cyr et ceux du poète
s'accordent à l'intérieur d'une tragédie religieuse qui favorise
un tel accord par sa manière d'être religieuse. Ce qui répondait
à une préoccupation pédagogique dans la penséede Mme de
Maintenon et à une tentation d'artiste dans celle de Racine,
cela même s'impose comme une exigence du drame. Une tragédie n'est pas religieuse simplement parce qu'elle est « tirée
de l'Ecriture sainte » : il faut que la vie religieuse soit le principe de l'action. *Esther* est la tragédie religieuse par excellence
puisque la source de l'action est une âme en prière. L'amour de
Dieu en lutte avec l'amour de la créature, l'opposition de la
raison et de la croyance, les vicissitudes de la conversion
créent de multiples drames religieux ; avec *Esther*, les drames
de la foi dans l'humanité sont dépassés : au cœur de l'œuvre se
trouve l'acte exprimant l'essence de la vie religieuse, l'action
de grâces. *Esther* ou la tragédie théocentrique. Racine n'igno-
rait certainement pas la simplicité de son intrigue, la naïveté de
ses complots ; il sait que le méchant Aman est un rôle pour
jeunes filles. Du récit biblique il a d'abord tiré un chant de
louange et c'est ce chant qui est la pièce. De là l'importance
dramatique du chœur qui ajoute au texte une sorte de divertis-

sement sacré : musique et spectacle expriment le rayonnement de la prière[1].

Le théâtre est représentation. La représentation est extériorisation d'une volonté qui joue : elle se trouve commandée par la nature de l'acte qu'elle extériorise.

III. – EXCURSION PÉDAGOGIQUE

L'œuvre dramatique ne trouve son existence achevée que mise à la scène. Synthèse d'arts, le théâtre n'est donc pas un genre littéraire. De sa nature suivent deux conséquences, une relative à son histoire, l'autre, à l'enseignement.

*

L'histoire littéraire du théâtre n'est pas toute l'histoire du théâtre. Henri Bremond appelait son œuvre *Histoire littéraire du sentiment religieux* : elle laissait de côté les manifestations non littéraires du sentiment religieux, plastiques, musicales, liturgiques, sociales, missionnaires. De même, une histoire littéraire du théâtre est limitée à celle des auteurs qui ont écrit pour le théâtre ; c'est un chapitre de l'histoire de la littérature ; ce n'est aussi qu'un chapitre de l'histoire du théâtre.

Ouvrons l'*Histoire de la littérature française* de Gustave Lanson, dans l'édition de 1923. Quelques pages sont consacrées au théâtre des cinquante années précédentes. Henry Becque, François de Curel, Georges de Porto-Riche reçoivent chacun un fort alinéa ; l'étude la plus longue est réservée à Paul

---

1. Une représentation intégrale d'*Esther* fut donnée à la Comédie-Française avec la mise en scène nouvelle de M. Georges Le Roy qui en a lui-même expliqué le sens dans deux articles : « Un oratorio chez Molière », dans *Le Journal*, 11 janvier 1938, et « Le Miracle d'Esther », dans *Le Figaro*, 18 janvier 1938.

J'ai appelé « chrétienne » l'héroïne de Racine : ce n'est pas un lapsus.

Hervieu ; Jules Lemaître, Brieux, Maurice Donnay et Jules Renard sont présentés plus rapidement mais avec précision. Le théâtre poétique occupe une place importante avec Edmond Rostand, Maeterlinck et Paul Claudel. Quelques lignes accompagnent Alfred Camus ; Emile Fabre, Courteline, Flers et Caillavet, Saint-Georges de Bouhélier et ceux qui étaient encore les jeunes, Henry Bataille et Henry Bernstein. L'histoire du théâtre est donc celle des écrivains. C'est dans une sorte de parenthèse, d'ailleurs largement ouverte, que M. Lanson résumait l'œuvre du metteur en scène et acteur André Antoine ; c'est dans une note qu'il signalait celle du metteur en scène et acteur Jacques Copeau.

Mêmes remarques si l'on s'attache à la composition de ces pages. M. Lanson tient surtout à mettre en lumière l'originalité de chaque talent. Il n'accroche pas cependant les portraits au hasard. Quelques grandes lignes permettent de situer chaque auteur et de montrer quelles traditions continuent ou se renouvellent à travers eux : ici, le naturalisme ; là, le romantisme ; plus loin, le réalisme ; ailleurs, le symbolisme. Ce sont les cadres de l'histoire littéraire qui introduisent ici leur ordre.

Un tel exposé est parfaitement à sa place dans une histoire de la littérature. M. Lanson n'a d'ailleurs pas oublié qu'il a tenu la chronique dramatique du *Matin* ; il distingue toujours les qualités du style et la valeur théâtrale du dialogue, qui a pour signe un certain choc produit sur le spectateur. Lorsqu'il montre ses contemporains hantés par le désir de ressusciter la tragédie, il pense à une émotion autant qu'à une forme. Toutefois, dans ce que M. Gaston Baty et René Chavance appellent très justement une « vie de l'art théâtral », la perspective serait bien différente.

Après une longue étude du Théâtre libre d'Antoine, il faudrait insister sur la réaction poétique du Théâtre d'art où Paul Fort convie les peintres, Odilon Redon, Vuillard, Bonnard, Sérusier, Maurice Denis. Il ne suffirait pas de citer « le Théâtre de l'Œuvre, fondé par Lugné-Poe, spécialement voué au théâtre symbolique, idéaliste, exotique ». On ne passe-rait sous silence ni les expériences de M. Jacques Rouché au Théâtre des Arts, de 1910 à 1913, ni son livre *L'Art théâtral moderne*, publié après un tour d'Europe qui l'avait conduit chez les metteurs en scène russes et allemands. Une histoire strictement littéraire ignore, en effet, les techniciens qui écrivent, bien qu'elle s'intéresse aux écrivains parlant des techniques. Elle ignore, du même coup, un fait capital dans la vie du théâtre aux premières années de ce siècle : des écoles, des doctrines, des systèmes surgissent sous l'influence non d'hommes de lettres mais de metteurs en scène. Les poètes avaient donné sa charte au drame romantique ; derrière Antoine, il y avait Zola : voici maintenant l'Anglais Gordon Craig, le Suisse Appia, l'Allemand Georg Fuchs, le Français Jacques Copeau qui tiennent la plume.

Le naturalisme et le symbolisme sont des mouvements d'une grande portée dans l'histoire du théâtre français : l'arri-vée à Paris des Ballets russes est aussi un épisode de cette histoire. Admettons que cette histoire ne s'étende pas à tous les arts du spectacle : comment s'approcher de l'auteur de *Pelléas* et d'*Ariane* sans voir Debussy et Paul Dukas ? Une histoire de la littérature fait une place aux acteurs lorsqu'elle est illustrée : c'est normal ; mais dans la vie du théâtre à l'époque qui nous occupe, Sarah Bernhardt, Réjane et Mounet-Sully représen-tent plus que des images[1].

---

1. Gaston Baty et René Chavance ont donné un bon exemple de ce qu'est une véritable histoire du théâtre dans *Vie de l'art théâtral, des origines à nos jours*, Paris, Plon, 1932.

Parmi les travaux d'érudition rappelons ici : G. Cohen, *Histoire de la mise en scène dans le théâtre religieux du Moyen Age*, Paris, 1926 ; S. Wilma Holsboer, *L'Histoire de la mise en scène dans le théâtre français de 1600 à 1657*, Paris, Droz, 1933 ; Marie-Antoinette Allevy, *La Mise en scène en France dans la première moitié du XIXᵉ siècle*, Paris, Droz, 1938 ; on trouvera dans cet important ouvrage une bonne bibliographie de l'histoire de la mise en scène.

*

Le théâtre, synthèse d'arts, ne relève pas d'un enseignement strictement littéraire.

Avant le commentaire psychologique, le texte doit être déchiffré comme esquissant un décor et un jeu. Relisons avec Cordon Craig le début de *Hamlet*.

> BERNARDO : – Qui va là ?
>
> FRANCISCO : – Non. Répondez. Fais-toi connaître.
>
> BERNARDO : – Vive le roi !
>
> FRANCISCO : – Bernardo ?
>
> BERNARDO : – Lui-même.
>
> FRANCISCO : – Tu viens très exactement à ton heure.
>
> BERNARDO : – Il est minuit sonné. Va te coucher, Francisco.
>
> FRANCISCO : – Merci pour la relève. Le froid est vif et j'ai le cœur transi.
>
> BERNARDO : – Rien vu ? Rien entendu ?
>
> FRANCISCO : – Pas une souris bouger.
>
> BERNARDO : – Bien. Bonne nuit. Si tu rencontres Horatio et Marcellus, mes compagnons de garde, dis-leur de se hâter.

« Cela suffit, commente Gordon Craig, pour renseigner le metteur en scène. Il comprend qu'il est minuit, que la scène se passe en plein air, qu'on relève la sentinelle d'un château, que la nuit est très froide, très silencieuse, très sombre » [1]. Une lecture ingénieuse du *Misanthrope* fait sortir du texte un monde de formes et de mouvements : le livre de M. Jacques Arnavon est un bon modèle [2]. Il y a une analyse dramatique,

---

1. Edward Gordon Craig, *De l'Art du théâtre*, traduction française, Paris, N.R.F., s. d., p. 147. J'ai cité le texte de *Hamlet* d'après la traduction qu'André Gide a donnée de l'acte I, dans *Échanges*, n° 1, Paris, décembre 1929.

2. Jacques Arnavon, *L'Interprétation de la comédie classique. Le Misanthrope*, Paris, Plon, 1914 ; nouvelle édition, 1920. L'auteur explique comment Molière a écrit sa pièce sans penser à ce que nous appelons « mise en scène » : mais un examen minutieux du texte permet d'en tirer des indications sur le milieu social des personnages et le cadre de leurs aventures qui rempliront le

distincte de l'analyse philologique, de l'analyse psychologique, et de l'analyse esthétique : sa fin est la recherche de ce que serait la représentation.

Au moment même où, regardant sa classe comme un public, le professeur lit et mime avec la voix le dialogue, il est sur la bonne route. Elle conduit à la lecture à plusieurs voix, puis à la représentation. Le théâtre grec et le théâtre médiéval à la Sorbonne, c'est un divertissement intelligent d'étudiants sous la direction de maîtres avisés : cela signifie surtout une exacte compréhension de l'histoire vivante et, par suite, de l'histoire tout court du théâtre. Nous apprenons au musée à connaître les chefs d'œuvre de la peinture et de la sculpture ; nous n'apprenons pas à connaître ceux de la musique en lisant des partitions ; il ne suffit pas d'aller dans une bibliothèque pour apprendre à connaître ceux du théâtre. Le véritable musée du théâtre, c'est un théâtre avec des acteurs et l'exécution de cette partition qu'est la pièce s'appelle représentation.

Parmi les travaux d'élèves qu'expose un collège américain se trouvent des maquettes de décor. On ne voit pas pourquoi les professeurs de dessin ne rechercheraient pas avec leurs élèves quels décors et quels costumes conviendraient aux pièces étudiées dans la classe de littérature. On ne voit pas pourquoi les professeurs de dessin ne seraient pas préparés à donner un tel enseignement. Mieux encore : si le théâtre devenait le prétexte d'une coordination entre les diverses parties d'une culture que son morcellement anémie, il serait la

---

livret du metteur en scène. Voir aussi du même auteur : *L'interprétation de la comédie classique. L'Ecole des femmes*, Paris, Plon, 1936.

Ajoutons en 1967 : les professeurs ont aujourd'hui à leur disposition des éditions qui donnent en face du texte les notes d'un metteur en scène professionnel : Collection « Mises en scène », dirigée par P. A. Touchard aux Editions du Seuil ; Collection « Classiques du théâtre » dirigée par Raymond Laubreaux chez Hachette. D'autre part, on ne saurait trop dire les services que peut leur rendre un ouvrage comme : *Molière et la comédie classique*, Extraits des cours de Louis Jouvet au Conservatoire (1939-1940), Paris, Gallimard, 1965.

meilleure occupation des «loisirs dirigés». Mme de Maintenon le savait bien lorsqu'elle se préoccupait d'instruire ses
élèves en les divertissant : Racine écrit *Esther* pour «mettre à
profit leurs heures de récréation». La forme de sa tragédie
répond à une exigence pédagogique. Les «personnes illus-
tres» qui dirigent la maison de Saint-Cyr désirent une œuvre
où l'histoire sainte et l'éducation religieuse seraient unies à un
jeu animé, à la musique et à la diction, qui sert à corriger les
accents que les jeunes filles apportent de leurs provinces.

> Elles me firent l'honneur de me demander, déclare Racine,
> si je ne pourrais pas faire, sur quelque sujet de piété et de
> morale, une espèce de poème où le chant fût mêlé avec le
> récit ; le tout lié par une action qui rendît la chose plus vive
> et moins capable d'ennuyer.

Toutes les histoires se rejoignent dans l'œuvre dramatique.
Tous les arts collaborent à sa représentation. L'expérience du
théâtre médiéval de la Sorbonne a montré comment l'établis-
sement et l'étude du texte étaient intimement unis à des
recherches musicologiques et à des analyses faites devant des
miniatures ou un portail de Notre-Dame. Image de la civilisation, le théâtre offre un point de vue privilégié sur l'histoire
de la civilisation.

Chapitre IV

LE DRAME VIVANT

Les arts du théâtre ne sont pas juxtaposés. Les acteurs jouent ensemble. Le décor est dans le texte. Le costume, tache de couleur, n'est pas indépendant de ce décor. La danse ne peut être que la suite naturelle de la comédie. La musique n'intervient qu'afin d'ajouter ce que les mots ne disent pas et au moment où leur pouvoir expire. Synthèse d'arts, la représentation exige une pensée de son unité. Synthèse d'arts, le théâtre demande un art de la synthèse. Le metteur en scène lui est aussi nécessaire que le chef d'orchestre, qu'il soit l'auteur conduisant lui-même son œuvre ou l'un des acteurs ou un artiste spécialement préparé à « régir » la représentation.

Telle est l'essence du théâtre, quelles que soient ses formes, quelles que soient les écoles ou les théories. De là, son problème : à l'intérieur de cette synthèse, y a-t-il un ordre ? Est-il indifférent à l'essence du théâtre que tel ou tel art occupe le centre de la synthèse ?

I. – ACTE ET MOUVEMENT

Nul n'a plus vivement que Gordon Craig proclamé l'égalité des arts au théâtre, égalité en droits et aussi en situation. Dans un de ses dialogues « entre un homme de métier et un amateur de théâtre », le régisseur déclare :

> L'Art du théâtre n'est ni le jeu des acteurs, ni la pièce, ni la mise en scène, ni la danse ; il est formé des éléments qui les composent : du geste qui est l'âme du jeu ; des mots qui sont le corps de la pièce ; des lignes et des couleurs qui sont l'existence même du décor ; du rythme qui est l'essence de la danse.

L'amateur lui demande alors :

> Et du geste, des mots, des lignes et des couleurs, du rythme, quel est le plus essentiel à cet Art ?

Réponse :

> L'un n'importe pas plus que l'autre. De même qu'une couleur n'est pas plus qu'une autre utile au peintre, un son plus qu'un autre employé par le musicien [1].

« Toutefois », ajoute Gordon Craig, « le geste est peut-être le plus important : il est à l'Art du théâtre ce que le dessin est à la peinture, la mélodie à la musique ». Ainsi tous les arts n'occupent pas la même situation dans la synthèse théâtrale : celle-ci a un centre et ce centre est le mouvement.

Que cet ordre tienne à l'essence du théâtre, il suffit, pour en être sûr, de demander au public pourquoi il va au théâtre : il veut *voir*. Désir aussi vif que naturel, puisque la vue est un sens privilégié. Et Gordon Craig cite Platon et la *Bible*. « C'est par la vue que notre imagination est le plus frappée », lit-il dans *Phèdre*, tandis que Job nous dit, à XLII, 5 : « Je t'ai entendu de

---

1. G. Craig, *De l'Art du théâtre*, p. 137.

mes oreilles, mais maintenant mes yeux te voient »[1]. « Viens et regarde les œuvres de Dieu » : l'« homme du métier » transpose volontiers ce texte des *Psaumes*; mais qu'offre-t-il aux regards du spectateur ? Ici, l'histoire nous répond : « l'Art du théâtre est né du geste, du mouvement, de la danse »; « le père du dramaturge, ce fut le danseur »[2]; le spectateur d'aujourd'hui vient voir ce qui a toujours fait l'objet du spectacle : le jeu des corps.

Cette définition du théâtre se prolonge dans une polémique dirigée contre le poète.

Le poème dramatique n'est pas le drame. « Ce sont deux choses différentes. Le premier est écrit pour être *lu*, le second doit être *vu*, joué à la scène. Le geste est nécessaire au drame, inutile au poème ». De même, « il ne faut point confondre le poète dramatique avec le dramaturge. L'un écrit pour le lecteur, ou l'auditeur; l'autre, pour le public d'un théâtre ».

> Au lieu de se servir de mots seulement à la manière du poète lyrique, le dramaturge forgea sa première pièce à l'aide du geste, des mots, de la ligne, de la couleur et du rythme en s'adressant en même temps à nos yeux et à nos oreilles par un jeu adroit de ces cinq facteurs[3].

Ces textes définissent parfaitement l'essence du théâtre ; mais, pour voir où ils conduisent dans la pensée de Gordon Craig, il faut se rappeler que le dramaturge est fils du danseur. Il y a poème dramatique lorsque le jeu est l'accompagnement d'un texte; il y a drame lorsque le texte est l'accompagnement du jeu.

Ce jeu a sa logique : il commande de traiter les spectateurs d'abord et avant tout en spectateurs.

> Je suis donc d'avis que, lorsque nous les satisfaisons par les yeux, il ne faut pas les troubler, ou tout au moins troubler ce

1. G. Craig, *De l'Art du théâtre*, p. 114-115. Cf. p. 140.
2. *Ibidem*, p. 137 et p. 140.
3. *Ibidem*, p. 138 et p. 139.

> sens de la vision qui est si délicat, en faisant en même temps tinter à leurs oreilles des sons ou des mots, en harassant leur esprit de problèmes, en faisant palpiter leur cœur de passions.

Et encore :

> Ces formes, ces visions se graveront mieux dans les yeux, et partant, dans l'âme du spectateur, si l'artiste concentre son effort sur l'impression visuelle, plutôt que de la troubler en faisant appel simultanément à la pensée et à l'ouïe[1].

C'est pourquoi l'admirable metteur en scène de Shakespeare exclut ses œuvres du théâtre de l'avenir et en parle comme le feraient M. Pierre Brisson et les plus fins partisans d'un théâtre exclusivement littéraire.

> *Hamlet* n'est pas de nature à être représenté à la scène. *Hamlet* et les autres pièces shakespeariennes sont à la lecture des œuvres si vastes et si complètes, qu'elles ne peuvent que perdre beaucoup à être interprétées à la scène. Le fait qu'on les jouait du temps de Shakespeare ne prouve rien. Les vraies œuvres du théâtre à cette époque, c'étaient les *Masques*, les *Spectacles*, légères et charmantes illustrations de l'Art du théâtre.

Et voici le signe qui distingue du drame le poème dramatique :

> Si les drames shakespeariens avaient été composés pour être vus, ils nous paraîtraient incomplets à la lecture. Or personne lisant *Hamlet* ne trouvera la pièce ennuyeuse ou incomplète, alors que plus d'un, après avoir assisté à la représentation du drame, dira avec regret : Non, ce n'est pas le *Hamlet* de Shakespeare. Lorsqu'on ne peut rien ajouter à une œuvre d'art, elle est *achevée*, complète… Vouloir y joindre le geste, le décor, les costumes et la danse,

---

1. *Ibidem*, p. 115 et p. 117.

c'est suggérer qu'elle est incomplète et a besoin d'être perfectionnée[1].

*

La représentation n'ajoute rien à la lecture de *Hamlet*…
Quand M. Gordon Craig lit *Hamlet*, sa magnifique imagination d'homme de théâtre déroule dans les marges du texte tout ce que la représentation ajouterait et même un peu plus. *Macbeth* paraît injouable, non parce qu'une œuvre parfaite dit tout, mais parce qu'elle dit trop. Comprise et sentie jusqu'à l'âme, elle porte en elle un monde si riche qu'elle ne pourrait tenir « entre trois murs » et la notion même de représentation devient désespérante lorsqu'elle devient synonyme de trahison.

Celui qui définit le théâtre par le geste s'exprime comme celui qui le définit par le mot, mais leurs intentions sont opposées comme les définitions qui les inspirent. Ici, le chef-d'œuvre dramatique repousse toute mise en scène : là, il en appelle une qui dépasse nos moyens. Que Gordon Craig conseille si facilement de fermer les théâtres, qu'il se résigne si vite à donner l'exemple, c'est la preuve qu'un proverbe ment : « Abondance de biens ne nuit pas ». Ce que Gordon Craig voit en lisant n'est pas visible sur la scène.

Aussi sa lecture est-elle une expérience trop personnelle pour fonder une loi. Cette expérience n'est, d'ailleurs, dans son système que l'épreuve d'une erreur. Gordon Craig a compris le théâtre, mais il se trompe sur l'homme : il sent profondément l'unité du théâtre et méconnaît celle de l'homme.

Entendre n'empêche pas de voir. Penser n'empêche pas de voir. Le « spectateur » écoute avec son intelligence et regarde pour mieux comprendre.

---

1. G. Craig, *De l'Art du théâtre*, p. 141. Cf. l'essai *Du théâtre de Shakespeare*, p. 264 *sq.*

Il y a, certes, des cas où la parole trouble le regard, où la pensée refoule les images : il y en a aussi où une parole dirige le regard dans la bonne direction, où une pensée avertie se sert mieux de ses deux yeux. Tous ces faits ne prouvent rien, sinon l'unité de l'esprit. La sensation est sentie par l'esprit et, au moment même où elle est sentie, elle appartient à cette indivisible totalité qu'est l'esprit, elle se trouve immédiatement accordée à d'autres sensations, elle éveille la mémoire et provoque l'intelligence. « Le roi erre par les sombres galeries du château... » ; je ne vois pas le roi : je *sais* que cette forme est celle d'un roi, je *sais* qu'elle erre, je *sais* que ces blocs épais sont les galeries d'un château. Ce que mes yeux ont vu ne serait que phosphènes sans ce que mon esprit déchiffre. L'homme sent avec toute son âme.

Il se meut aussi avec toute son âme. Le mouvement est intention. Le geste est pensée. Dire que le théâtre est né du mouvement et du geste, c'est dire qu'à son principe se trouve l'acte dans son unité, esprit et corps. L'acte réflexe est senti en même temps qu'achevé. L'acte réfléchi est vu en même temps que voulu. Le théâtre est fils de la danse : le danseur sait qu'il danse et pourquoi il danse. Le mouvement qui est à l'origine du théâtre n'est pas celui des nuages ni celui des oiseaux, mais celui de l'homme qui danse pour ses dieux.

Au commencement était le Verbe... Au commencement était l'Action... Mais qu'est-ce qu'un verbe qui ne dit pas l'action ? Et qu'est-ce qu'une action qui n'exprime pas un verbe ? Au commencement était le Verbe actif.

Au commencement du théâtre comme de l'univers. Son principe est donc une parole, mais une parole qui dessine un geste, un verbe qui ne veut pas rester verbal.

II. – LE VERBE ACTIF

Le théâtre naît non du mouvement mais de la volonté, qui est pensée et action, pensée d'une action et action informée par une pensée. Or, là où il y a pensée, il y a langage, la parole ne serait-elle qu'intérieure.

Le mot n'est pas seulement une monnaie d'échange ; avant d'être sociale, sa fonction est spirituelle : avant d'énoncer, il signifie. Or, il signifie, d'abord, pour la pensée qui le déchiffre en le créant. « Le langage parle l'esprit à l'esprit »[1].

Le signe est une petite chose à la surface de la signification. N'importe quoi peut, d'ailleurs, signifier n'importe quoi. En fait, le signe ne signifie pas : c'est la pensée qui signifie par le moyen du signe, la pensée, rassemblant tout ce qui doit constituer le sens du signe. Elle se « recueille » alors, à la manière dont le jardinier « recueille » les fruits qui tombent ; elle se détache du concret fluide et toujours inédit, renonçant à se diluer dans une rêverie tellement surréaliste qu'elle ne laisserait même pas naître le décor d'une transcription surréaliste. Comprendre est prendre, écrit Claudel, « comme on dit que le ciment prend ou qu'un lac se prend en hiver »[2] : le signe précipite cette prise, la signification coïncide avec la compréhension, travail par lequel l'esprit se donne une vision ordonnée du monde et construit un univers stable. Les signes se joignent aux schèmes que l'intelligence substitue aux objets, schèmes dynamiques qui, tour à tour, se remplissent d'images pour l'approcher du réel ou tendent à la pureté abstraite de l'idée pour l'approcher de Dieu.

Le signe privilégié est le mot. Le mot peut être prononcé et entendu, écrit et vu, téléphoné et radiodiffusé. Sa simplicité et sa mobilité le rendent capable d'infinies combinaisons.

1. Henri Delacroix, *Les Grandes formes de la vie mentale*, Paris, Alcan, 1934, p. 131.
2. Paul Claudel, *Art poétique*, Paris, Mercure de France, 1907, p. 121.

L'homme dispose, avec lui, du langage intérieur le plus rapide, du langage parlé le plus nuancé, du langage écrit le plus commode. Le mot est si intimement uni à la pensée qu'il semble à peine appartenir au corps ; au-dessous de lui, les cris et les gestes paraissent purement extérieurs. La parole s'oppose à la pensée seulement lorsqu'elle la déborde : nous reconnaissons volontiers l'homme qui pense dans l'homme qui parle peu ; c'est une façon de souligner les règles en même temps que l'exception, car nous ne croyons pas que la pierre pense parce qu'elle ne parle pas. Le langage s'oppose à l'action seulement lorsqu'il la remplace : l'homme qui agit parle son action en la pensant, s'il se tait en agissant ; il y a, d'ailleurs, peu d'actions sans paroles et certaines paroles sont des actions.

Les mots sont inscrits dans la pensée et dans l'action si continuellement et si profondément que leur absence est significative. Le silence devient langage.

Les mots occupent naturellement la même place dans l'action et au théâtre né de l'action.

M. Gaston Baty a très justement défini la position centrale du texte dans la synthèse théâtrale :

> Le texte est la partie essentielle du drame. Il est au drame ce que le noyau est au fruit, le centre solide autour duquel viennent s'ordonner les autres éléments. Et de même qu'une fois le fruit savouré, le noyau reste pour assurer la croissance d'autres fruits semblables, le texte, lorsque se sont évanouis les prestiges de la représentation, attend dans une bibliothèque de les ressusciter quelque jour.
>
> Le rôle du texte au théâtre, c'est le rôle du mot dans la vie. Le mot sert à chacun de nous pour se formuler à soi-même et communiquer éventuellement aux autres ce qu'enregistre son intelligence. Il exprime directement, pleinement nos idées claires. Il exprime aussi, mais indirectement, nos sentiments et nos sensations, dans la mesure où notre intelligence les analyse ; ne pouvant donner de notre vie sensible une transcription intégrale et simultanée, il la décompose en éléments successifs, en reflets intellectuels,

comme le prisme décompose un rayon de soleil.

Le domaine du mot est immense, puisqu'il embrasse toute l'intelligence, tout ce que l'homme peut comprendre et formuler[1].

Le ballet, l'opéra, la pantomime ne sont pas le théâtre parce qu'il leur manque ce noyau[2]; et M. Gaston Baty conserve au texte la même situation centrale dans la symphonie dramatique lorsqu'il définit la tâche du metteur en scène.

Le poëte a rêvé une pièce. Il en met sur le papier ce qui est réductible aux mots. Dans le cas même où il a du génie, les mots ne peuvent exprimer, nous l'avons dit, qu'une partie de son rêve. Le reste n'est pas dans le manuscrit et seul un idiot oserait déclarer que son œuvre écrite contient tout de son œuvre rêvée. La tâche du metteur en scène sera de resti-

---

1. Gaston Baty tient particulièrement à ces déclarations, car il les a volontiers répétées : « Le texte » dans *La Chimère*, octobre 1922, cité par M. Brillant, *Le Masque et l'Encensoir*, Préface, p. 68 ; « Théâtre nouveau, Notes et documents », n° 4 de *Masques, Cahiers d'art dramatique*, 41, rue de la Gaîté, p. 15. G. Baty a groupé les passages les plus caractéristiques de cette étude dans un article qui lui sert de manifeste et qu'il publie dans la brochure-programme de ses spectacles sous le titre : *Le Théâtre sera sauvé*.

Ce témoignage est d'autant plus intéressant que Gaston Baty passe pour n'éprouver ni respect ni souci du texte. Un chapitre de son livre *Le Masque et l'Encensoir* a pour titre : « Sire le Mot », et la polémique contre la littérature est alertement menée ; d'autre part, certaines recherches sur la scène de son théâtre ou de la Comédie-Française ont paru dangereuses... Or, pour voir vraiment ce qu'est l'impérialisme du metteur en scène, il faut lire la thèse de Mlle Marie-Antoinette Allevy (citée plus haut, p. 53, n. 1) et les divers ouvrages sur le théâtre en U.R.S.S. ou en Allemagne sous la République (cités plus loin, chap. VI. § 2). Les libertés les plus discutées de Gaston Baty apparaîtront alors d'une innocence bien rassurante.

Sur la position exacte de Baty, voir les citations et le commentaire de Maurice Brillant, *loc. cit.*, p. 61-70 et dans : Paul Blanchart, *Gaston Baty, op. cit.*, les excellents chapitres : « Débats autour de *Sire le Mot* » et « Gaston Baty metteur en scène ».

2. Baty et Chavance, *Vie de l'art théâtral*, p. 163 et la conclusion, p. 292-293.

tuer à l'œuvre du poète ce qui s'en était perdu dans le chemin du rêve au manuscrit.

Pour le faire, il réglera le jeu, non plus seulement dans les répliques, mais dans leurs prolongements, harmonisera l'ensemble de l'interprétation, rythmera le mouvement de chaque tableau. Par le costume, par le décor, par la lumière, et s'il y a lieu, par la musique et par la danse, il créera autour de l'action le milieu matériel et spirituel qui lui convient, l'ambiance indescriptible qui agira sur les spectateurs pour les mettre en état de réceptivité, pour les rapprocher des acteurs, pour les accorder avec le poète.

Si le texte n'est pas toute la pièce, toute la pièce est du moins en germe dans le texte. La mise en scène doit donc respecter et transposer dans tous ses éléments le style même de l'écriture. Il ne faut jamais ni répéter ce que disent déjà les mots – ce qui serait un pléonasme barbare – ni modifier la pensée de l'auteur. Tout ce qui n'est pas indispensable ne doit pas exister. Seule cette conception assure l'équilibre, hors duquel il n'est point de salut[1].

*

Le texte est l'expression la plus proche de la pensée et de l'action que dessine cette pensée. Cela ne veut pas dire qu'il est tout : il reste une partie, mais la partie centrale. Il n'est pas la voix qui prononce les mots, ni la mimique qui accompagne la parole, ni le geste qui prolonge la mimique dans le corps, ni le monde de choses auxquelles le corps tient, ni la musique qui recueille le chant des choses : mais tout cela est appelé par la pensée à travers lui.

Le texte est la première matière informée par le drame, la première extériorisation du drame. Bien qu'elle cesse d'être image, l'action ne trouve pourtant pas en lui la consistance du

1. G. Baty, « Quatre dangers menacent le théâtre. – Deuxième danger : Le metteur en scène », dans *Le Figaro*, 9 février 1937. Voir aussi : « Le Metteur en scène », dans *Rideau baissé*, Paris, Bordas, 1949.

corps ; elle n'est plus jeu intérieur, elle n'est pas encore représentation : le texte est le jeu en attente de représentation. Cette incomplète incarnation permet de le dire nécessaire mais non suffisant. Nécessaire, il est le centre de la synthèse théâtrale et tout part de lui ; non suffisant, il n'est qu'une invitation à l'existence.

III. – L'UNITÉ

La situation du texte ne crée aucune souveraineté à son profit. La seule souveraineté conforme à l'essence du théâtre est celle du tout sur les parties.

Mais qu'est-ce que le « tout » ?

Le « tout » est le drame totalement pensé par le dramaturge : cela paraît évident. La représentation est donc la « réalisation », aussi fidèle que possible, de ce monde intérieur et le chef d'orchestre naturel sera l'auteur.

M. Jacques Copeau rappelle Racine, « admirable lecteur » dont Valincourt ne pouvait évoquer sans émotion une récitation d'*Œdipe-Roi*, Racine qui forme la Champmeslé et « apprend à la Du Parc son rôle d'Andromaque en la faisant répéter comme une écolière ». Il rappelle Voltaire, comédienné, jouant la comédie à la cour de Frédéric et à Fernay aussi bien que sur son théâtre de la rue Traversière, « donnant ses premières leçons de déclamation au jeune Lekain ». Il rappelle Gœthe, directeur de théâtre surveillant et corrigeant le travail des acteurs, souhaitant de surveiller et de corriger le travail des jeunes auteurs. Jacques Copeau aime à citer les poètes qui vivent dans l'intimité d'une troupe, Ruzzante ou Carlo Gozzi et surtout ceux qui sont à la fois auteurs, acteurs, metteurs en scène. « Shakespeare est sur la scène... Molière est sur la scène ; et il y meurt ». Eschyle, enfin,

Eschyle est sur la scène, au milieu des acteurs. Il les habille, leur chausse le cothurne, leur confère le masque emprunté des célébrations religieuses. Il inspire le chant du chœur et règle sa danse. Il invente la tragédie. Il la crée. Et le nom qu'on lui donne désigne la nature de sa fonction. C'est celui de *didaskalos* : celui qui enseigne, le *Maître*[1].

Ce Maître, beaucoup souhaitent son retour. Mais, en attendant ? Il n'est, heureusement, pas sûr que l'essence du drame exige un seul « poète » au principe de son unité.

Même dans le cas d'un auteur parfaitement conscient de toutes les exigences de son œuvre, il ne suffit pas d'invoquer cette unité propre aux œuvres d'un seul. Lorsque Racine apporte *Esther* à Mme de Maintenon, il sait très exactement ce qu'il a fait, sa Préface le prouve. *Esther*, texte et représentation, est un « tout » dans la pensée de Racine. Mais après la mort de Racine ? Mais aujourd'hui ? Quand nous avons retrouvé la musique et rassemblé toutes les indications données ou suggérées par le poète, nous sommes encore loin de l'œuvre telle qu'elle vivait dans la pensée de Racine. Quelles étaient les inflexions de sa voix intérieure ? Comment voyait-il ses personnages ? Quels souvenirs de son passé se glissaient parmi les images jaillissant du livre saint ? Le saurions-nous que cela laisserait, d'ailleurs, la question au même point ; la représentation d'*Esther* est une chose, la reconstitution historique de la première d'*Esther* en est une autre. Les acteurs et les actrices d'aujourd'hui ne sont nullement tenus de dire les vers de Racine comme on les disait du temps de Racine. Ni les

1. Jacques Copeau, « Le Poète au théâtre », dans *Revue des vivants*, juin 1930, p. 769-771. G. Craig, lui aussi, appelle Gœthe « un des plus grands metteurs en scène », *op. cit.*, p. 167. Sur V. Hugo metteur en scène, voir le curieux chapitre de Mlle Allevy, *op. cit.*, p. 121-126.

On dispose aujourd'hui d'un recueil de documents sur l'attention que Claudel a toujours portée à la mise en scène de ses pièces et aux questions les plus techniques de son art : Paul Claudel, *Mes Idées sur le théâtre*, Paris, Gallimard, 1966.

costumes, ni les décors, ni le jeu qui plaisaient au XVIIᵉ siècle ne font définitivement corps avec les textes écrits au XVIIᵉ. Le metteur en scène de notre temps ne renonce pas à l'électricité et aux projecteurs par respect d'une tradition si peu sérieuse qu'elle ne s'est jamais établie.

Le texte du poète est fixé : il ne fixe pas la représentation qu'il appelle. Celui du chef-d'œuvre encore moins que les autres.

*

Une œuvre est toujours l'œuvre de quelqu'un : un chef-d'œuvre est aussi beaucoup plus. L'œuvre du talent intéresse ou plaît ; cet intérêt ou ce plaisir nous attache à son auteur : nous suivons tel peintre, tel romancier, tel musicien dans sa production, comme si une espèce d'amitié personnelle nous liait à cet homme que nous n'avons souvent jamais vu. Nous le suivons, naturellement, tant qu'il produit : l'œuvre du talent survit peu à son auteur ; son souvenir s'éteint avec la mémoire des contemporains. Où seront dans un demi-siècle les bons romans de l'année ? Combien de tableaux agréables au regard passeront, comme notre agrément ! Mais ces ouvrages qui ne sont pas immortels sont la preuve continue que l'esprit n'est pas mort : ils entretiennent une vie quotidienne des arts. Aussi y a-t-il toujours une nuance érudite dans la sympathie posthume qu'ils éveillent : nous cherchons à travers eux une époque ou un camarade d'un autre temps.

L'œuvre du talent reste liée à une biographie et à l'histoire. Le chef-d'œuvre a sa biographie et son histoire. Il y a une vie de Montaigne et une vie des *Essais* depuis Montaigne. Il y a une histoire de *Faust* dans la pensée de Gœthe et une histoire de ce même *Faust* après Gœthe. Le chef-d'œuvre a une existence propre, faite d'une actualité indépendante des actualités. Le situer dans son contexte historique est nécessaire pour le comprendre ; mais le comprendre, c'est l'atteindre dans ce qui dépasse tout contexte, même la psychologie de l'auteur : on ne sera jamais trop érudit pour montrer qu'en art il ne suffit pas d'être érudit. Lorsque nous avons tout dit sur un chef-d'œuvre, il a encore quelque chose à nous dire.

Chaque émotion venue de lui le recrée : or il est une source inépuisable d'émotions. Chaque recréation en fait jaillir une image inédite, de sorte qu'il est indéfiniment nouveau sans cesser d'être le même. Cette vie innombrable ne peut être comparée à un déchiffrage progressif : le chef-d'œuvre est tout entier dans chacune de ses images, à la manière dont le poème est tout entier dans chacune de ses traductions, au-delà des versions les plus exactes. L'œuvre du talent se révèle immédiatement telle qu'elle est ; qu'il soit architecture ou poésie, peinture ou sculpture, le chef-d'œuvre est comme la symphonie ou la sonate : il ne se livre que dans une interprétation : c'est pourquoi il est toujours musique. Cela est vrai des plus clairs : nous n'aurons jamais fini de comprendre le *Discours de la méthode* ou de connaître l'*Enseigne de Gersaint*.

Il est vain de se demander si Descartes et Watteau ont mis dans leur œuvre ce que nous y retrouvons. L'œuvre fabriquée est tout entière dessinée dans la pensée du fabricant et passe tout entière dans la fabrication. Entre l'œuvre créée et la pensée créatrice, le rapport est d'expression, non de reproduction. La chose fabriquée est l'échantillon d'un type : la chose créée, la forme unique d'une vision elle-même unique. La première n'a aucune intériorité : la seconde a un sens, aussi profond que l'âme, fait de notions claires et d'intentions, de plaisirs acceptés et de sentiments refoulés, fait aussi d'idées qui marcheront toutes seules, de sentiments dont la logique se déroulera plus tard, d'intuitions simples et mystérieuses comme la lumière. Ce que l'on a écrit sur le portail de Chartres étonnerait sans doute les modestes serviteurs de Notre-Dame qui oubliaient de signer : un chef-d'œuvre est une œuvre qui étonne son auteur.

Dans le cas du romancier, cette indépendance de l'œuvre coïncide avec celle de ses personnages. Le romancier, même du second rayon, crée des êtres qui vivent en dehors de lui dans son roman : s'il est un génie, ses personnages vivent aussi en dehors de son roman. Cela est également vrai du dramaturge. L'auteur est propriétaire de son œuvre, non de ses personnages. Une créature vivante, fût-elle imaginaire, n'est jamais objet de possession ; et même, plus une créature imaginaire est vivante, moins elle est objet de possession ; plus un poète a de génie, moins les enfants de son génie lui appartiennent. Don Quichotte, Don Juan, Hamlet, Alceste se promènent dans le monde en quête d'auteurs, peintres, poètes, musiciens ; ils vont du roman au théâtre, de la comédie à l'opéra ; celui-ci fait leur portrait, cet autre les psychanalyse. Ainsi, entre ciel et terre, se forme un cortège de héros, figures aussi peu réelles que celles des mythes, aussi complexes que celles de l'histoire. Ils n'ont jamais existé, et pourtant ils ont une personnalité et une biographie ; ils ont été inventés et voulus, mais ils sont mystérieux et divers comme des êtres que leurs inventions surprennent et qui cherchent leur volonté.

L'indépendance relative du chef-d'œuvre et celle de ses personnages excluent l'idée d'une interprétation-type. Aucune représentation n'est définitive, même celle que souhaitait l'auteur[1]. Pitoëff est libre devant *Hamlet*, Baty devant *Phèdre*, Jean-Louis Barrault devant *Le Misanthrope*, parce que les créatures de Shakespeare, de Racine, de Molière n'ont pas encore vécu toute leur vie, parce que leur humanité n'est pas encore épuisée, parce que leur poésie n'est pas encore usée.

---

1. Pour l'opinion contraire, voir Jacques Copeau : « Une Renaissance dramatique est-elle possible ? », art. cit., p. 421 : « Je pense que pour une œuvre bien conçue pour la scène il existe une mise en scène nécessaire, et une seule, celle qui est inscrite dans le texte de l'auteur ». Il est peut-être bon que chaque metteur en scène ait l'illusion d'avoir découvert *la* mise en scène de l'œuvre, mais cette *nécessité* est comme beaucoup d'autres une simple manière de parler.

*

La seule souveraineté conforme à l'essence du théâtre est celle du tout sur les parties. Si la pensée complète et harmonieuse du tout est celle de l'auteur, si le poète est acteur et metteur en scène, le problème est résolu, mais ce n'est qu'une des solutions possibles, puisque l'auteur meurt. La pièce ne survit pas au poète dans sa totalité, texte et représentation : il n'en reste que le texte et des souvenirs plus ou moins vagues de représentation : pour revivre, elle demande un homme de théâtre qui remplace l'auteur sur le plateau.

Celui que l'on appelle « régisseur » en Europe centrale et « metteur en scène » en France, Jacques Copeau lui donna un jour son vrai nom : « animateur dramatique ». Il ne suffit pas, en effet, de parler de fidélité pour définir sa tâche ; ou plutôt, il s'agit de cette fidélité très particulière qui s'attache à l'esprit : une nouvelle pensée du tout doit restituer à la lettre son esprit, à des personnages une âme, en laissant à ces mots « esprit » et « âme » leur double signification vitale et spirituelle. Recréer, tel est bien le sens de la mise en scène. Or, recréer ne peut être qu'une espèce de création, non création du drame mais création inspirée par le drame ; la fidélité au texte agit comme une inspiration qui unit le metteur en scène au poète et, en même temps, excite son imagination. Cette fidélité créatrice fait de « l'animateur dramatique » un second poète.

Le metteur en scène est le poète de la représentation. Voir en lui un décorateur ou un électricien, c'est méconnaître totalement son œuvre, qui est essentiellement le fruit de la méditation. Certains spirituels appliquent leur esprit à des tableaux comme ceux de la Passion et en fixent les traits jusqu'à la précision la plus réaliste, afin de soutenir leur méditation sur d'ineffables mystères. La méditation du metteur en scène, au contraire, va de l'idée au sensible : il communie avec cette âme secrète qui déborde les mots et les images du texte afin de lui donner ensuite la vivacité et les couleurs de la vie. L'extériorisation du drame se fait à l'intérieur du drame.

Le metteur en scène trahit les devoirs de sa charge lorsqu'il ne se regarde plus comme un serviteur et met l'œuvre au service de ses opinions politiques, religieuses ou même esthétiques. Sa liberté ne lui confère pas celle de prendre des libertés. Elle ressemble à celle de l'historien. Le commentateur de Descartes et le biographe de Richelieu ont pour tâche de comprendre et de faire comprendre : s'ils comprennent d'une manière personnelle et originale, leur interprétation reste historique tant qu'elle est commandée par le respect des textes et des faits ; ce ne sera peut-être qu'une hypothèse, une hypothèse, toutefois, qu'inspire le seul souci de voir clair dans la philosophie du premier ou dans la politique du second. L'interprétation cesse d'être historique dès qu'elle est dictée par la préoccupation de retrouver Kant en Descartes ou de découvrir en Richelieu un contemporain. Devant une comédie de Molière, le metteur en scène n'est pas libre de penser ce qu'il lui plaît, mais de la représenter telle qu'elle lui plaît lorsqu'il l'a comprise. L'Ecole des femmes vue par Louis Jouvet n'est certainement pas celle que Molière voyait, même en rêve : née d'une intimité fervente avec le texte, conçue au cours d'une analyse qui exprime la signification psychologique et scénique de chaque réplique, une telle recréation est un miracle de la fidélité créatrice.

Le metteur en scène n'est jamais libre de ne pas respecter scrupuleusement un chef-d'œuvre : c'est même en le respectant scrupuleusement qu'il obtient sa liberté et ce sera dans un effort sincère pour s'approcher de lui que se dessinera une approximation personnelle. Une pièce plate est à sens unique ; le metteur en scène et les acteurs se résignent à être esclaves de ce sens, à moins de lui en ajouter un autre par leur jeu : ici, la stricte compréhension ne laisse aucune liberté et ne permet aucune originalité. Le chef-d'œuvre ne se livre jamais dans une vision totale et définitive ; aucune recréation ne l'épuise ; il

sollicite sans cesse de nouvelles exégèses, de nouvelles traductions, de nouvelles renaissances. Hamlet est, avec Pitoëff,
un intellectuel que torture son intelligence et qu'accable la
volonté de vouloir. Hamlet est, avec Mlle Marguerite Jamois,
un adolescent nerveux, rageur devant sa destinée, qu'un
spectre bouleverse dans son corps comme dans son âme.
Hamlet est, avec M. Yonnel, un fils modèle, jeté dans une
tragédie de l'amour filial. Hamlet est tous ces Hamlet et
d'autres encore. Le chef-d'œuvre demande à chaque interprète
le don de soi et l'interprète qui se donne de tout son cœur avec
toute son intelligence se perd en lui pour se retrouver.

Eschyle, Shakespeare, Molière n'illustrent pas l'unique
réponse au problème de souveraineté inscrit dans l'essence
du théâtre. Lorsqu'ils ne sont plus de ce monde, une autre
réponse installe à leur place sur le plateau le poète de la représentation. Dans ces conditions, si le metteur en scène collabore
avec un auteur mort, on ne voit pas pourquoi il ne collaborerait
pas avec un auteur vivant. Toute difficulté tirée des relations
sociales ne met pas en cause le principe. Si l'auteur n'admet
pas le partage de la souveraineté, qu'il apprenne le métier de
metteur en scène, qu'il soit le professeur de ses comédiens et
l'architecte de son dessein. S'il ne s'entend pas avec son
metteur en scène, qu'il s'adresse ailleurs ou qu'il le conver-
tisse. A tous les inconvénients d'une association manquée
s'opposent, ailleurs, les avantages d'une association réussie.
Ces faits ne signifient rien, sinon que « l'art est toujours le
résultat d'une contrainte » et, comme ajoute André Gide,
« c'est sur de la résistance que l'art doit pouvoir s'appuyer
pour monter »[1]. Or, la première résistance est celle qui vient de
la matière et, au théâtre, la matière, c'est la scène elle-même
avec tous ceux qui l'habitent et toutes les choses qui la meu-

---

1. André Gide, *Nouveaux prétextes*, Paris, Mercure de France, 3ᵉ éd., 1925,
p. 13.

blent. L'art dramatique n'a nul besoin d'inventer la contrainte des trois unités, selon la subtile justification qu'en propose André Gide : le metteur en scène est précisément la personnification vivante, des résistances réelles que le dramaturge doit vaincre.

Chapitre V

LE LIVRE DES HÉRÉSIES :
THÉATRE ET LITTÉRATURE

Synthèse d'arts, le théâtre est harmonie : un principe de lutte est donc inscrit dans sa nature même. Sa vie est un continuel problème d'équilibre : chaque art tend à devenir souverain et à subordonner la participation des autres aux effets qu'il doit produire ; or, une telle suprématie est la négation du théâtre où la seule suprématie reconnue est celle du tout sur les parties et elle conduit logiquement à sa destruction. En fait, à peu près tous les arts du théâtre eurent la possibilité de le dominer et chaque fois cette domination a signifié sa mort. La répétition de l'expérience lui donne la valeur d'une vérification : si le théâtre est harmonie, toute rupture d'harmonie doit le faire disparaître ; inversement : si toute rupture d'harmonie le fait disparaître, c'est qu'il est harmonie. L'histoire de ses hérésies manifeste l'essence du théâtre.

I. – LE MYTHE DU THÉÂTRE LITTÉRAIRE

La prétention de la littérature est la plus naturelle.

Le texte, installé au centre de la synthèse, s'affirme suffisant. La tentation est forte, en effet, d'énoncer une situation en termes de souveraineté, d'autant plus que l'équivoque est subtile. En un sens, le texte contient tout : exprime-t-il tout ? Il n'est nullement question de contester la situation du texte dans le drame, mais de savoir si les mots du texte traduisent la vie totale du drame et si la représentation n'ajoute rien. C'est donc mal poser le problème que d'offrir le choix entre un théâtre où les mots diraient tout et un théâtre où ils seraient prétexte à musique et à spectacle ; c'est créer un péril imaginaire que de laisser au théâtre, en dehors de la littérature, la seule ressource d'imiter le cinéma. Il y a un théâtre où le texte n'est ni livre ni livret, chose littéraire qui cessera d'être littéraire en cessant d'être une chose pour devenir jeu. La crainte d'une représentation sans texte ne justifie pas un texte sans représentation.

Une seconde confusion doit être écartée. Jean Giraudoux réduisait, un jour, « la querelle du théâtre » à l'alternative : théâtre littéraire ou théâtre sans valeur littéraire [1]. Or, ce n'est pas la qualité mais le rôle du texte qui est en cause. Le théâtre littéraire peut être littérairement de mauvaise qualité. Celui de Paul Hervieu est le type d'un théâtre où les mots disent tout : le style « n'est pas seulement incorrect, mais antihumain, antinaturel par son emphase laborieuse et banale, conventionnelle jusque dans la trivialité » ; l'impitoyable analyse de Jacques Copeau ajoutait que cette pauvreté est justement celle d'un « style livresque » : « l'auteur *n'écoute pas* ses personnages ; il n'interroge ni leur voix, ni leur geste, ni leur musique profonde » [2].

---

1. Jean Giraudoux, « La Querelle du théâtre », Discours prononcé au banquet de l'Association parisienne des anciens élèves du lycée de Châteauroux, *Les Nouvelles littéraires*, 21 novembre 1931, ou *Littérature*, Paris, Grasset, 1941.

2. Jacques Copeau, *Critiques d'un autre temps*, p. 75.

Ce théâtre est mauvais en partie parce qu'il est mal écrit ; mais il est mal écrit en partie parce qu'il est du théâtre écrit. Lorsque les mots ne disent pas tout, ce qui est dit par eux peut l'être fort bien. Corneille est poète dans *L'Illusion comique*, « pièce capricieuse » où le spectacle est l'accompagnement du dialogue. *Le Bourgeois gentilhomme* et *Le Malade imaginaire* sont des comédies-ballets : la langue reste celle de Molière.

Dernière équivoque : un théâtre intégralement littéraire apparaît contraire à l'essence du théâtre mais non un théâtre surtout littéraire. Lorsque l'action est intérieure, née d'une âme divisée ou d'une volonté inquiète, lorsque le drame est celui du « connais-toi », l'expression la plus naturelle est le mot, parce qu'il est le plus subtile et la plus raffinée, parce qu'il est devenu la plus immédiate dans une société où mimique et gestes sont mesurés. La pièce est alors presque tout entière dans son texte. Ce « presque », est, cependant, décisif, puisqu'il sauve le caractère théâtral de l'œuvre. Les mots sont des paroles, les phrases sont écrites pour la voix, l'action appelle le mouvement. Le texte le plus complet est comme une partition : entre les notes, il y a les silences, et, à la faveur des silences, les choses parlent. L'œuvre est donc orientée vers la représentation. Mais cette représentation est une extériorisation qui, d'abord, délivre le jeu du texte et réduit le monde extérieur au rôle d'un discret accompagnement. *Andromaque* paraît complète et complètement intelligible dans le livre : les vers en disent même plus que nous n'en pouvons entendre et leur simplicité découvre la profondeur du poème dans le recueillement de la lecture. Qu'Andromaque, toutefois, prenne les apparences d'une Bartet, une grâce rayonne à travers la tragédie qui en rapprochera notre connaissance de la co-naissance selon l'étymologie claudélienne. La représentation est moins un achèvement qu'un nouvel éclairage : nous continuons à lire sous une autre lumière, mais c'est la lumière de la rampe.

*

Une fois ces équivoques dissipées, il en est du théâtre littéraire comme du panthéisme : il est plus facile de le définir et d'en discuter que d'en trouver des exemples. Chaque cas cité se révèle douteux.

Ainsi Edward Gordon Craig considère Shakespeare comme le maître du théâtre littéraire, du moins le Shakespeare de l'édition posthume de 1623 au-delà duquel il serait bien difficile de remonter. Or, même dans le texte de ce fameux *in-folio*, les pièces du grand Will n'ont cessé d'exercer sur les acteurs et les metteurs en scène une fascination qui est un signe, qui est le signe : ce n'est pas sans raison que toute représentation fervente de Shakespeare apparaît comme une sorte de manifeste contre une conception trop exclusivement littéraire du théâtre.

M. Gaston Baty a volontiers déclaré que la perfection des tragédies raciniennes décourageait l'acteur et le metteur en scène. Que pourrait ajouter la représentation ? « D'inutiles et barbares pléonasmes », puisque le texte dit tout. Baty faisait une exception : dans *Bérénice*, ce que les mots disent de la raison d'Etat touche moins le citoyen de la Troisième République que le sujet de Louis XIV ; l'intérêt penche aujourd'hui plus du côté de Bérénice et de son amour que du côté de Titus et de son empire : la représentation rétablirait l'équilibre.

> Evoquer cette Rome impériale et cette fatalité de la raison d'Etat, voilà proprement l'œuvre involontairement laissée par Racine au meneur de jeu[1].

C'est pourtant Racine qui devait inspirer à Gaston Baty une de ses plus poétiques mises en scène et il a commencé par *Phèdre*, non par *Bérénice*.

---

1. G. Baty, texte cité par M. Brillant, préface de *Le Masque et l'Encensoir*, p. 17, n. 1 de la p. 16. Cf. p. 297-298.

Là où un Corneille, un Molière, un Racine ont mis la main, il sera toujours possible de découvrir cette force dramatique qui pousse l'œuvre vers la scène, quitte à discuter sur l'opportunité de porter telle ou telle œuvre sur la scène. Le génie ne se trompe jamais complètement sur sa vocation; si la forme dramatique l'attire, s'il s'agit d'une tentation et non d'une curiosité, c'est que le démon du théâtre l'habite. Même lorsqu'il écrit des comédies pour *La Revue des Deux Mondes*, Musset fait du théâtre. Le second *Faust* et le premier *Soulier de satin*, poèmes que ne soutient aucun espoir précis de représentation, ont des parties de vrai théâtre. Pour trouver des échantillons d'un théâtre purement littéraire, sans doute serait-il préférable de se tourner vers des ouvrages qui doivent cette pureté à une absence totale de don dramatique. Tragédies en vers d'un classicisme anémié, comédies larmoyantes, pièces à thèse, drames historiques, textes morts qui attendront vainement la résurrection dans nos bibliothèques et dans la collection de la petite *Illustration*... la littérature elle-même recule et ne retient que quelques titres : ils suffiraient pour nous renvoyer aux tréteaux de la foire où Margot rit et au mélodrame où elle pleure.

*

En fait, la querelle du théâtre littéraire n'oppose pas un théâtre où la représentation est superflue et un théâtre où elle est essentielle; elle oppose deux conceptions de la représentation. Pour les uns, celle-ci est avant tout et presque uniquement une interprétation par des acteurs; la pièce est une sonate pour piano et violon : les autres y voient un concerto pour orchestre. L'opposition n'est nullement artificielle, mais elle n'atteint pas l'essence du théâtre : elle correspond à la diversité des sujets et aux deux grandes directions de l'acte humain. Une formule n'annule donc pas l'autre; aucune n'a le privilège de définir, seule, le théâtre : leur différence traduit simplement celle de nos drames.

Il faut quitter le théâtre militant pour trouver, nettement exprimée, l'opposition entre un théâtre où la représentation serait superflue et un théâtre où elle serait essentielle. La première formule est l'œuvre d'esprits qui ont voulu penser le théâtre ; cette origine ne diminue aucunement son intérêt mais permet d'en préciser le sens : elle définit moins une école dramatique qu'une tendance esthétique.

II. – Un théâtre sans théâtres

Cette tendance conduit, par sa seule nature, à la disparition du théâtre. Sa courbe se trouve dessinée avec une précision géométrique dans le positivisme d'Auguste Comte ; elle n'est pas moins pure dans l'importante étude de M. Jean Hytier sur *L'Esthétique du drame.* Comme les deux expériences se déroulent dans ces conditions radicalement différentes, elles découvrent bien une logique propre aux idées et non de simples préférences personnelles.

*

Le positivisme est une philosophie de l'histoire et une philosophie de l'esprit ; plus précisément : une philosophie de l'histoire de l'esprit. Cette histoire se développe à travers trois états de l'esprit : *théologique*, lorsqu'il explique le monde par des causes divines, qu'il y en ait plusieurs ou une seule ; *métaphysique*, lorsqu'il a recours à des causes abstraites telles que l'horreur du vide ou la Nature ; *positif*, lorsqu'il substitue les lois aux causes. Auguste Comte se donne pour tâche de décrire ce mouvement de l'esprit, s'arrêtant à chaque étape pour caractériser ses diverses activités : philosophique, scientifique, technique et esthétique.

Deux idées définissent l'activité esthétique : l'art a la même origine que le langage ; sa mission naturelle est de rendre aimable la réalité suprême qui est aussi la suprême valeur.

Toute émotion vive est accompagnée de gestes et de cris qui réagissent sur elle, l'expression entretenant ainsi l'émotion qu'elle exprime. De là, un premier langage, fait de signes naturels, correspondant à des affections plutôt qu'à des pensées. Ces dernières ont leur langage lorsqu'elles deviennent capables de créer des signes artificiels, qui, à l'origine, sont de simples imitations de signes naturels. A mesure que la vie sociale s'organise, l'intelligence se développe ; l'échange des idées s'ajoute à la communication des émotions, le langage artificiel se complique et la supériorité du langage parlé s'impose. L'art, lui aussi, naît de l'émotion et commence par une imitation, mais il tend à une idéalisation, « représentation, au fond, plus fidèle, faisant mieux ressortir les traits principaux ». Tandis que l'imitation est immédiatement intelligible, l'idéalisation présente une vision originale et personnelle de l'objet qui ne peut plus être déchiffrée comme une copie : de là, le travail de l'artiste pour traduire « son type intérieur » et le rôle du style [1].

L'art est une idéalisation de ce qui est. Or, le monde de ce qui est change selon qu'il est gouverné par des dieux ou par un seul Dieu ou par une puissance appelée Nature ou par des lois. Ce qui ne change pas, toutefois, c'est l'union des beaux-arts et de la religion, l'inspiration continue des premiers par la seconde. Le positivisme reconnaît cette relation. Lorsque les dieux et Dieu s'en vont, la plus haute réalité qui existe est l'Humanité, cette cité des vivants et des morts, où, comme dans la cité de Dieu, une Eglise triomphante illumine l'espé-

---

1. *Système de politique positive* ou *Traité de sociologie instituant la religion de l'Humanité*, 4 vol. in-8°, Paris, 1851-1854. Je cite d'après la quatrième édition, conforme à la première. Au siège de la Société positiviste, 1912, t. I, p. 286 *sq.*

rance de l'Eglise militante. Lorsque l'Humanité est le Grand-Etre, elle remplit le rôle intellectuel, affectif et moral du suprême Etre : elle donne un sens à la vie, des saints au calendrier, des fêtes au peuple, un amour à la prière. Les arts chanteront l'homme vainqueur de l'univers et le regardant sans terreur ; ils chanteront l'homme vainqueur de son égoïsme, fidèle à la devise : « vivre pour autrui »[1].

Les beaux-arts sont la poésie, la peinture, la sculpture, la musique et l'architecture. Aux yeux de Comte, le théâtre n'est pas un genre premier, mais une forme de la poésie : très logiquement, il le considère comme une forme provisoire qui doit disparaître dans la société nouvelle.

Cette opinion n'est pas celle d'un homme que le théâtre n'intéresse pas. Comte a beaucoup aimé les spectacles dans sa jeunesse ; plus tard, la musique dramatique est son principal divertissement : il eut longtemps une stalle au Théâtre italien. Dans la Bibliothèque positiviste, liste de cent cinquante recueils représentant la Somme scientifique et esthétique de l'Occident, il inscrit tout Eschyle et tout Aristophane, *Œdipe-roi* de Sophocle, Plaute et Térence, les théâtres choisis de Métastase et d'Alfieri, un *Théâtre espagnol* choisi, le théâtre choisi de Corneille, « Molière complet », les théâtres choisis de Racine et de Voltaire réunis en un seul volume, le théâtre choisi de Shakespeare. Si l'on ajoute les œuvres choisies de Gœthe, un tiers des recueils environ représentent la part du théâtre sous la rubrique « Poésie ». Dans le calendrier positiviste, une quinzaine de nouveaux saints appartiennent à la littérature dramatique, auxquels il faut ajouter Mozart, Gluck, Beethoven, Rossini ; Shakespeare donne son nom au dixième

1. *Cours de philosophie positive*, 6 vol. in-8°, Paris, 1830-1842. Je cite d'après la cinquième édition, identique à la première. Au siège de la Société positiviste ; 1892-1894 : t. VI, 60e leçon, p. 833 : « C'est à chanter les prodiges de l'homme, sa conquête de la nature, les merveilles de sa sociabilité que le vrai génie esthétique trouvera surtout désormais, sous l'active impulsion de l'esprit positif, une source féconde d'inspirations neuves et puissantes ».

mois; Eschyle, Calderon, Corneille et Molière reçoivent chacun l'honneur d'un dimanche. Si Auguste Comte supprime si allègrement le théâtre dans la cité positiviste, ce n'est donc pas parce qu'il le méprise ou l'ignore, mais parce que cette suppression n'enlève rien d'essentiel à la littérature théâtrale [1].

Qu'est-ce que la représentation? L'accompagnement du langage parlé par les gestes et la mimique qui sont des moyens d'expression inférieurs. Bien significative est la manière dont Auguste Comte parle de la danse, « art essentiellement tombé en désuétude, depuis que le gage d'action a dû perdre graduellement presque toute son importance initiale » [2]. Un théâtre sans représentation sera complètement purifié de ce « langage d'action » et ne sera plus que poésie.

La représentation, en outre, ne répond pas plus à un besoin religieux qu'à un besoin esthétique. Ce que la religion demande, ce sont des cérémonies, des fêtes, un culte. Or, Auguste Comte a très profondément senti que le théâtre est devenu le théâtre en se détachant de l'office rituel. C'est autour des autels et non devant la scène que les Athéniens ou les chrétiens communiaient dans une même foi. La religion de l'Humanité ferme les théâtres parce qu'elle relève les temples.

> Le positivisme doit irrévocablement éteindre l'institution du théâtre, autant irrationnelle qu'immorale, en réorganisant l'éducation universelle, et fondant, par la sociolâtrie, un système de fêtes propres à faire dédaigner de vaines satisfactions. Depuis que la lecture est assez répandue pour qu'on puisse partout goûter isolément les chefs-d'œuvre dramatiques, la protection accordée aux jeux scéniques ne profite qu'aux médiocrités, et ce secours factice n'empêche pas d'apprécier la désuétude spontanée. C'est seulement envers les compositions musicales que la repré-

---

1. La liste de la Bibliothèque positive et le calendrier positiviste se trouvent dans le *Système de politique positive*, t. IV.

2. *Cours de philosophie positive*, 53ᵉ leçon, t. V, p. 124, n. 1.

sentation resterait indispensable si le culte positif ne devait, mieux qu'au Moyen Age et dans l'Antiquité, fournir une issue normale au génie phonique en l'incorporant au sacerdoce[1].

*

Lorsque le texte est le drame complet et lorsque la communion sociale ne trouve pas au théâtre son unanimité la plus fervente, la représensation perd toute raison d'être. Telle est aussi la conclusion de M. Jean Hytier[2].

En son principe, le théâtre est jeu. A son origine, le théâtre est communion. Or, il a cessé d'être communion ou plutôt la communion a changé de nature et, s'il reste jeu en son principe, c'est un jeu qui peut se passer de la scène. Tel est le schéma de cette méditation philosophique sur le théâtre dont il faut se résigner à ne donner qu'un aperçu.

> L'atmosphère dramatique du théâtre antique, c'était essentiellement la communauté à la fois religieuse, raciale, civique, morale et esthétique des sentiments; la communication quasi directe de l'orchestre à l'hémicycle faisait participer, sans doute, les acteurs hiératiques et les spectateurs fervents à un même enthousiasme.

1. *Système de politique positive*, t. IV, p. 441-442. Voir aussi t. III, p. 570, où Comte parle de la «séparation, plus apparente que réelle, et d'ailleurs temporaire, entre l'épopée et le drame», et p. 594 : «l'institution des théâtres quoique purement provisoire».

A un point de vue complètement différent, Barbey d'Aurevilly explique que le théâtre est un genre inférieur précisément parce qu'il a besoin de la représentation et parce que ce besoin de la représentation fait de lui un «art composite», une synthèse d'arts : Préface au *Théâtre contemporain*, s. l. n. d.

2. Jean Hytier, «L'Esthétique du drame», *Journal de Psychologie*, janvier 1932. Cet article a été recueilli dans *Les Arts de littérature*, Alger, éditions E. Charlot, 1941.

Mais, un fait, à la fois social et intellectuel, doit être constaté :

> Le public au théâtre s'est de plus en plus individualisé : les impressions des spectateurs sont devenues de plus en plus personnelles, ressortissent à des intérêts plus divers, les partagent en groupes de moins en moins homogènes et parents, bref la *communauté* des spectateurs a disparu et, par suite, celle du spectacle, de l'intérêt principal qui réunissait la foule : religion ou patriotisme.

Cette individualisation est un progrès « dans la valeur humaine » puisqu'elle signifie l'affinement de la sensibilité, l'aptitude à vivre et à penser autrement qu'en troupeau : ses conséquences, esthétiques et sociales, ne peuvent être mauvaises.

Le « passage du public uniforme au spectateur original » conduit le théâtre dans une heureuse direction.

> Moins fort, mais plus subtil, le sujet a pu se diversifier, et, plus intelligent, le spectateur s'attacher à beaucoup de choses plus originales, le touchant moins directement mais moins grossièrement.

Une nouvelle communion s'établit,

> bien différente de la première, non plus *massive* mais différenciée, fondée non plus sur l'identité d'un sentiment politique mais sur l'accord d'une multiplicité d'admirations particulières.

Ce sera la libre convergence d'esprits éclairés.

Mais, ajoute Jean Hytier, cette communion, peu importe qu'elle se réalise dans une salle : elle existe déjà ; c'est la multiplicité sympathique des lecteurs autour du livre.

> Et puisque c'est le vrai public, pourquoi n'est-ce pas pour lui que les dramaturges, moins éblouis des feux de la rampe ou du soleil des hémicycles, imagineraient leurs actions ?

Le risque, Jean Hytier le voit, mais il s'en console aisément : si la pièce n'est pas destinée à la scène, à quoi bon penser à la scène en l'écrivant ? « La liste des chefs-d'œuvre dramatiques injouables augmenterait peut-être de quelques unités… ». Soulignons la suite :

> … Et c'est le sort des chefs-d'œuvre dramatiques de deve-nir tôt ou tard injouables. C'est alors seulement qu'ils se débarrassent de l'impureté des applaudissements, pour entrer dans la mémoire, moins profane, en définitive, que les cérémonies du culte.

Pourtant, le théâtre est action, donc jeu, dans son principe. Les dernières pages de M. Hytier ne contredisent nullement les fines analyses de son prélude. Leur postulat est que le jeu inté-rieur peut dispenser du jeu extérieur.

> La pièce, qui s'est jouée d'abord dans l'âme du dramaturge, finit par se jouer dans l'imagination du spectateur ou du lecteur, théâtre où les acteurs sont sans défauts.

Le « spectateur original » du public contemporain, ou plutôt du public futur,

> se détache assez aisément des moyens destinés, d'ordinaire, à suppléer à son manque d'imagination. Il devient, sans grande perte et souvent avec avantage, le spectateur dans un fauteuil, le liseur d'actions. Ainsi se trouve fermé parado-xalement, au scandale du comédien, le cercle de l'action, qui, mise en scène dans l'imagination du dramaturge, finit par se jouer dans l'imagination du lecteur.

Le cercle se trouve fermé et les théâtres avec lui, mais lors-que l'esprit de finesse se fait géomètre, il laisse au crayon une certaine liberté. « Le passage du public uniforme au spectateur original » ne conduit pas rigoureusement à cette conclusion ; la démonstration progresse dans ce sens à la faveur d'une défi-nition discrètement introduite au moment où Jean Hytier compare le nouveau public à la communauté créée par le livre :

le rapprochement devient superposition parce que le chef-d'œuvre dramatique se présente sous l'aspect d'un texte à lire. La scène est alors le royaume de l'illusion : elle nous fait croire non seulement à des histoires qui n'arrivent pas mais à des œuvres qui n'existent pas. L'épreuve décisive du drame n'est pas la représentation : le chef-d'œuvre doit résister à cette autre épreuve qu'est l'absence de représentation ; son authenticité a pour signe cette vie à la fois intégrale et intègre qui subsiste dans un texte nu.

III. – LE PARADOXE DU CHEF-D'ŒUVRE INJOUABLE

Si la représentation n'est pas essentielle au drame, le lettré peut préférer le drame intègre au drame intégral, car l'intégrité ne compromet plus l'intégralité : le chef-d'œuvre n'a nul besoin des artifices de la scène pour être complet.

> Si l'on peut encore jouer *Polyeucte*, *Athalie* ou *Bérénice*, écrit M. Pierre Brisson, c'est que les chefs-d'œuvre du patrimoine ont à jamais perdu leur fraîcheur. C'est qu'on les a lus et relus, commentés et recommentés. Leur audition n'apporte plus qu'un plaisir de contrôle... Par une contradiction apparente et pourtant naturelle, leur forme seule nous demeure présente et garde un pouvoir sur notre esprit... Théâtralement, le drame ne compte plus et ne peut plus compter. Mais le poème existe, et c'est avec lui que nous nous trouvons d'accord.

Nous ne pouvons plus sincèrement participer aux drames que racontent Corneille, Racine et même Shakespeare, nous ne pouvons plus vivre avec les personnages de Molière, de Beaumarchais et de Musset.

Il s'agit là d'un monde que la représentation théâtrale ne peut qu'affaiblir ou animer d'une façon trompeuse. Et c'est au livre, ici encore, qu'il faut se fier[1].

La dissociation du drame et du poème est une opération qui mériterait d'être examinée pour elle-même et dans chaque cas indiqué : du moins permet-elle de présenter avec une rigueur saisissante la thèse du chef-d'œuvre injouable, injouable, certes, parce que chef-d'œuvre, mais surtout chef-d'œuvre parce qu'injouable.

Le chef-d'œuvre dramatique est une pièce qui, faite pour la représentation, arrive à s'en passer et même à la redouter ; sa perfection consiste à ne pas réaliser sa fin et, par suite, à se nier.

Il n'est pas étonnant que l'histoire du théâtre n'offre aucun exemple indiscutable. Le chef-d'œuvre injouable est un mythe exprimant l'amour que les lettrés éprouvent pour le théâtre.

Le lettré découvre la perfection d'une œuvre dramatique dans la vertu qui la conduit non à la vie de la scène mais à l'immortalité du livre. A partir d'un théâtre surtout littéraire, la réflexion opère un passage à la limite et pose un théâtre intégralement littéraire. Ainsi naît le mythe du chef-d'œuvre injouable. Un tel passage, toutefois, suppose arbitrairement une continuité là où une différence de nature introduit une discontinuité radicale. Si infime que soit la force dramatique du dialogue, si faible que soit le reflet de la représentation future sur les mots, il y aura entre l'œuvre dramatique et l'œuvre littéraire la distance d'un art à un autre. La poésie la plus musicale ne se change pas insensiblement en musique : de même, à l'instant où le théâtre devient intégralement littéraire, il n'atteint pas la forme idéale du théâtre : il cesse d'être du théâtre.

Le lettré sait comment on aime le théâtre en lettré ; sait-il ce qu'est aimer le théâtre selon son essence ? Il demande à la litté-

---

1. Pierre Brisson, *Le Temps*, 30 novembre 1931 ; *Le Figaro*, 22 octobre 1934.

rature dramatique la joie du recueillement dans une solitude que peuplent ses fictions. Croit-il vraiment que son imagination suffise là où l'acteur le plus intelligent et le metteur en scène le plus artiste ont besoin de longues recherches ? Non ; il n'ignore pas ce qu'il perd mais sans le regretter : le jeu le plus fin et la représentation la plus étudiée ne sont, à ses yeux, qu'une petite chose à la surface du texte ; sa profondeur se découvre dans l'intimité de la méditation qui prolonge puis rejoint la lecture. Pour l'homme qui aime le théâtre selon son essence, le plaisir commence, bien avant le spectacle, avec celui de prévoir en marge de sa journée quelques heures échappant au rythme quotidien. Dès qu'il entre dans la salle, il se sent reposé, allégé ; même s'il soupçonne que la pièce ne sera pas excellente, il éprouve cette allégresse très particulière de l'attente devant le rideau qu'il connut pour la première fois à Guignol. Si l'œuvre est de celles qui réjouissent le lettré, la représentation la montre sous un nouveau jour. L'acteur et le metteur en scène doivent sauver un mauvais texte : un beau texte les condamne à se sauver eux-mêmes ; ils jouent dangereusement et leur réussite éclaire une autre profondeur du dialogue, sa profondeur dramatique.

*

Le théâtre exclusivement littéraire est un mythe hérétique. Les interventions abusives de l'acteur, du metteur en scène, du peintre, du musicien ou du danseur apparaissent volontiers comme des hérésies par rapport au théâtre littéraire qui détiendrait la formule de l'orthodoxie. Or, elles sont hérétiques par rapport à la synthèse dramatique et le théâtre littéraire l'est au même titre qu'elles. Si elles pèchent le plus souvent contre le texte, c'est un péché contre le rôle normal du texte dans la synthèse dramatique, analogue à celui du théâtre littéraire contre le rôle normal de la représentation.

Le péché contre le texte est certes le plus grave puisqu'il menace l'expression primordiale du drame. Il est aussi le plus précieux parce qu'il est rare de trouver un texte égal à sa fonction. Si l'auteur semble être le serviteur de l'acteur, du metteur en scène, du peintre, du musicien, du danseur, c'est parce que trop souvent il doit s'estimer très heureux de jouer ce rôle. Bénies soient les hérésies qui d'une œuvre littéraire médiocre font un chef-d'œuvre d'un autre genre ! Bénies soient-elles, car il y a 365 soirées dans l'année, sans compter les matinées, et il n'y a même pas un Shakespeare ou un Molière par siècle !

Le théâtre est un art associé à une entreprise. Il ne peut vivre qu'en faisant vivre des artistes et des artisans. Il n'a donc pas le temps d'attendre les chefs-d'œuvre. Son pain quotidien n'est pas le génie : c'est le talent lorsque des compensations s'établissent à l'intérieur de la synthèse dramatique. Ici, la beauté de la mise en scène rachète la faiblesse du texte ; là, sa sécheresse est corrigée par la musique ; ailleurs, le jeu d'un acteur ou d'une actrice escamote ses longueurs et ses maladresses. L'erreur fondamentale du théâtre littéraire, comme le risque d'un théâtre surtout littéraire, c'est de mettre les conditions de la réussite d'un seul côté et précisément du côté où elle est le plus difficile. L'hérésie se dénonce elle-même dans le cas où les compensations seraient indispensables : il n'y a strictement rien à faire pour sauver la tragédie pseudo-classique en vers alexandrins.

En fait, parmi les pièces écrites selon la formule du théâtre littéraire, bien peu tiennent leur promesse. Suprême déchéance, le livre est leur tombeau. Car « le chef-d'œuvre injouable », lorsqu'il n'est justement pas un chef-d'œuvre, est encore plus illisible qu'injouable. La *commedia dell'arte* ou la farce de la foire ne représentent certes pas le théâtre pur, comme on l'insinue parfois ; du moins ont-elles le mérite d'exister sur les tréteaux. Où existent la « tragédie en prose » de Paul Hervieu et les dissertations dialoguées d'Eugène Brieux ?

CHAPITRE VI

LE LIVRE DES HÉRÉSIES :
THÉATRE ET REPRÉSENTATION

I. – L'ACTEUR

M. Sacha Guitry raconte dans ses *Souvenirs* cette étonnante histoire : Edmond Rostand désirait vivement que Lucien Guitry créât le rôle de Flambeau ; il vient donc chez le comédien avec le manuscrit de *L'Aiglon* et... « Il lut le premier acte avec rapidité, ayant prévenu mon père qu'il n'en était pas » ; puis le second et le troisième. « Alors ? » demande le poète. « Alors... mais oui, évidemment... je ne vois pas bien ce qui pourrait m'empêcher de jouer cette admirable pièce... ». « Mais ce qui pouvait l'empêcher de la jouer, Rostand sentait bien que mon père l'avait deviné ». Il le sentait si bien qu'il n'osa pas continuer. « Cet homme exquis eut un petit malaise. Je ne dis pas qu'il le simula, mais j'eus bien l'impression qu'il ne fit rien pour le surmonter ». On alla déjeuner, le poète ravi d'avoir la promesse de Guitry et Guitry ayant l'air de ne pas voir ce qui aurait pu l'empêcher de la donner. Que redoutait Rostand après l'acte III ? « Les actes suivants : celui du bal, celui de Wagram, et enfin le dernier dont Flambeau n'était pas non plus ! N'être pas d'un premier acte, mon Dieu, cela s'accepte volontiers, mais mourir à l'avant-dernier ! » [1].

La « vedette » n'est pas un produit de la publicité contemporaine. Dans le premier *Hamlet*, la reine n'est pas une méchante femme et ne fut pas complice du crime qui lui permis d'être l'épouse heureuse et légitime de Claudius ; Laërte est un naïf, innocente victime du Roi : Shakespeare aurait noirci les deux rôles dans la seconde version parce que Burbage voulait être le seul personnage sympathique dans celui du jeune prince. L'interprétation a le mérite de n'être pas invraisemblable [2]. Il serait trop facile de citer des exigences de ce genre qui contrecarrent l'auteur ou rendent impossible la tâche du metteur en scène. Ici, une vedette prétend choisir ses partenaires ou du moins exclure ceux avec lesquels elle est brouillée ; là, elle refuse d'entrer discrètement en scène par le côté, comme le rôle le demande, afin de « faire son entrée » sous les applaudissements, par une porte du fond ouverte à deux battants.

Les anecdotes que l'on pourrait multiplier ne découvrent pas seulement un risque du métier de comédien : la vanité s'accorde ici avec une tendance naturelle du théâtre. Il est normal que l'acteur, comme le musicien ou le décorateur, s'ins-

1. Sacha Guitry, *Souvenirs*, t. I, Paris, Plon, 1934, p. 120-121. On trouvera un intéressant chapitre : « Le Mythe de la vedette », dans André Villiers, *L'Art du comédien*, « Que sais-je ? », Paris, P.U.F., 1953.

2. Gaston Baty, « Visages de Shakespeare », 13ᵉ cahier de *Masques*, octobre 1928, p. 26-27. On trouvera des exemples de même ordre dans la thèse de Mlle Marie-Antoinette Allevy, *La Mise en scène en France dans la première moitié du* XIXᵉ *siècle...* : p. 77-78, l'opposition d'actrices de la Comédie-Française qui refusent de porter des robes longues dans la *Marie-Stuart* de Lebrun, préférant les robes grecques, plus propres à mettre en valeur leurs formes ; p. 124 : Mlle Mars parut dans *Angelo* avec un turban, sous prétexte que cette coiffure « la faisait toute jeune », et cela malgré les protestations de Victor Hugo ; ce dernier ne put davantage empêcher Juliette Drouet de porter une robe décolletée dans la princesse Negroni de *Lucrèce Borgia*.

talle au centre de l'œuvre. C'est d'autant plus normal qu'il est souvent, en fait, le centre de l'œuvre. Est-ce pour lui ou pour l'auteur que le public se dérange ? Et le public n'a pas toujours tort. Jouer la pièce est le premier devoir de la troupe ; la sauver est le second. Or, que de pièces doivent être sauvées ! C'est-à-dire : recréées par la représentation. Le soir de la « première », Frédérick Lemaître sauve *L'Auberge des Adrets* en faisant brusquement de Robert Macaire un rôle comique[1]. Pareil rétablissement est rare : il ne l'est pas de voir des comédiens tirer d'eux-mêmes tout ce que la représentation ajoute au texte, pauvre texte qui, privé de leur vie et de leur art, retombe comme un ballon dégonflé. Tant de pièces existent par eux qu'ils ont bien le droit de les croire et de les vouloir faites pour eux !

*

Qu'un auteur voie et entende ses interprètes en écrivant, qu'il retouche son dialogue en profitant de l'intelligence et de l'expérience du théâtre exprimées dans le jeu ou les réflexions d'un grand comédien, cela prouve que la représentation n'est pas extérieure à la création. La primauté de l'œuvre s'affirme dans cette espèce de collaboration au moment où l'auteur termine et où l'acteur commence, et peut-être doit-on regretter qu'un Musset ou un Claudel n'aient pas eu plus souvent l'occasion d'y être conviés. La synthèse dramatique perd son centre et son équilibre si l'auteur est l'habilleur de la vedette. L'inspiration est alors un certain flair dans la recherche des personnages et des situations appropriés aux dons et aux tics du comédien. Celui-ci n'est plus un exécutant : il est la fin de l'œuvre.

1. Silvain, *Frédérick Lemaître*, collection « Acteurs et actrices d'autrefois, documents et anecdotes », Paris, Alcan, 1926, chap. II. Sur l'acteur comme créateur voir aussi « Dernière création de Frédérick Lemaître » dans J. Barbey D'Aurevilly, *Le Théâtre contemporain*, s. l. n. d.

Le fait n'est pas exceptionnel[1]. Il postule une théorie du théâtre qui, elle, au contraire, se trouve rarement formulée. Le romancier Maurice Baring l'exprime très clairement dans sa biographie de Sarah Bernhardt. Cette dernière, déclare-t-il, était un génie; elle ne pouvait donc rester à la Comédie-Française, et cela pour des raisons relatives non à la situation de la Maison en 1880 mais à la notion de compagnie dramatique. Le génie « ne saurait se confiner dans le cadre d'une troupe de répertoire bien disciplinée, quelle que soit la perfection de cet ensemble, pour y remplir la fonction d'un instrument unique. Il faut qu'il soit tout ou rien ». Et voici la conséquence :

> Sur la scène, le génie pour atteindre cette plénitude de son expression, n'a pas besoin d'œuvres de premier ordre ; car il déformera fréquemment un chef-d'œuvre, le ravagera pour l'utiliser à ses fins personnelles. Il sera mieux servi par une pièce qui, si elle n'apporte pas de contribution sérieuse à la pensée, si elle n'est, ni une peinture véridique des mœurs, ni une œuvre d'art exquise et parfois ne dépasse pas la valeur d'un scénario ou d'un libretto, est cependant d'un grand effet au théâtre, s'adaptant à un talent, peut-être à un génie, d'une nature spéciale et se pliant à ses intentions[2].

M. Maurice Baring ne laisse au théâtre aucun espoir, s'il en avait encore, lorsqu'il ajoute des exemples. Henry Irving fut un très grand acteur anglais : « il fut parfait toujours et dans

---

1. Cf. la violente « sortie » de Jacques Copeau dans un article de *L'Ermitage* en 1905, « Critiques d'un autre temps », p. 226-227.

2. Maurice Baring, *Sarah Bernhardt*, Paris, Stock, 1933, p. 85-86. La note à *libretto* est significative : « *La Dame aux camélias*, par exemple, n'est guère qu'un *libretto* et n'aurait pas duré trois semaines au théâtre, si, du jour où elle fut jouée pour la première fois, et pendant plusieurs générations, elle n'avait été le véhicule merveilleux, dont une actrice de génie se servait pour créer un chef-d'œuvre ». Le chef-d'œuvre, naturellement, ce n'est pas la pièce mais le jeu d'Eléonora Duse ou de Mme Pitoëff. Ajoutons, de Mme Edwige Feuillère ou de Mme Loleh Bellon.

tous ses rôles », écrit le juge le moins tendre pour les comédiens, Gordon Craig[1]. Or, déclare M. Baring, « il remportait des succès plus populaires *et plus satisfaisants du point de vue artistique*... » mots qui méritent d'être soulignés,

> ... quand, au lieu de l'œuvre de Shakespeare, il avait affaire à des pièces comme *Le Juif polonais*, le *Charles I*er, de Wills, ou *Le Courrier de Lyon*. Peu importait alors ce qu'il faisait de la pièce : elle n'était sans lui qu'une certaine masse de matériel, qu'un scénario, en somme, dont sa personnalité faisait un chef-d'œuvre – et le chef-d'œuvre était son interprétation[2].

Sarah Bernhardt fut Andromaque, Phèdre, Doña Sol, Hamlet, Lorenzaccio : son « instinct » la préservait de la nostalgie des cimes.

> Elle savait d'instinct qu'elle ne pouvait exercer ses dons particuliers que dans des compositions qui produisent de l'effet sur la scène. Mais, du moment que l'effet y était, peu lui importait que l'auteur fût Victor Hugo ou M. F. C. Phillips.

Ce dernier nom est celui d'un écrivain dont un roman fut adapté à la scène sous le titre de *Léna* et qui eut Sarah pour interprète aux Variétés en 1889.

> En tant qu'œuvre dramatique, certes chose plus nulle ne fut jamais écrite. Elle y trouva l'occasion d'une grande scène de mort, qu'elle considérait, peut-être avec raison, comme l'une de ses plus hautes réalisations[3].

---

1. Craig, *De l'art du théâtre*, p. 6.
2. M. Baring, *op. cit.*, p. 87.
3. M. Baring, p. 92-93.
   Dans une vision du théâtre et de l'homme radicalement opposée à celle que peuvent évoquer les noms cités ici, celle de Jerzy Grotowski et de son Théâtre-laboratoire de Wroclaw, l'équilibre de la synthèse dramatique est, une fois encore, rompue au profit de l'acteur. L'essence du théâtre exclut, ici, les décors,

Sarah Bernhardt avait du génie. Son fournisseur préféré était tout de même Victorien Sardou. Elle laissa d'autres souvenirs qu'un nom sur des affiches oubliées, celle qui ne voulut pas mourir avant d'avoir joué Athalie. Pourtant, à travers sa carrière, une loi déroule son impitoyable logique jusqu'au bout : sur les ruines du théâtre, la vedette triomphe, livrée à son démon.

II. – LE METTEUR EN SCÈNE

L'artiste le plus prédisposé à menacer l'équilibre du théâtre est celui qui a pour fonction de le maintenir.

Associé et délégué de l'auteur sur le plateau, lorsque celui-ci est vivant, tuteur de son enfant, lorsqu'il est mort, le metteur en scène connaît la tentation de l'auteur. Un théâtre où la représentation s'affranchit du texte a la même origine qu'un théâtre où le texte s'affranchit de la représentation : le privilège naît d'une situation privilégiée. L'homme de lettres oublie volontiers que le texte est fait pour la représentation ; le metteur en scène oublie que la finalité est réciproque et que la représentation est faite pour le texte : il agit comme si le texte était moyen et la représentation, fin.

Le metteur en scène est exposé à une autre tentation. Comme le comédien, il donne trop souvent l'éclat de la vie à des œuvres anémiques. Second poète du drame, que faire, lorsqu'il en est aussi le seul ? Pour sauver la pièce, il sacrifie le texte, le traitant comme un livret d'opéra subordonné à la musique de la scène. Tant de soirées lui doivent leur agrément

la musique, le maquillage et se réduit, semble-t-il, à l'art du comédien aux prises avec un texte ; mais cet art consisterait moins à recréer un personnage qu'à se découvrir soi-même à travers ce personnage, dans « une offrande publique de sa personne avec toute son intimité ». Cf. Ludwik Flaszen, Programme de *Le Prince Constant*, Théâtre des Nations, 1966 ; J. Grotowsky, « Pour un théâtre pauvre », *Cahiers Renaud-Barrault*, n° 55, 1966.

et leur qualité artistique qu'il peut voir dans ce miracle l'essentiel du théâtre.

Substitut de l'auteur et premier interprète, le metteur en scène est doublement tenté de ne pas rester à sa place. Plus il est artiste et cultivé, plus sa personnalité est vigoureuse et originale, plus il sera porté à créer au lieu de recréer.

Ce danger est particulièrement menaçant aujourd'hui où la division du travail coupe la création littéraire de la recréation scénique en même temps qu'elle multiplie les métiers sur le plateau. L'auteur est devenu surtout un écrivain; son sens du théâtre, si vif soit-il, ne suffit pas pour faire de lui le professeur des artistes et le chef des artisans. Aurait-il, d'ailleurs, le temps de surveiller la lente et minutieuse préparation d'un spectacle bien réglé? Il faut, à côté de lui, un meneur de jeu et, même sur le plateau le moins encombré de machines, un homme qui connaisse les diverses techniques sans être un des techniciens. L'importance de son rôle explique celle qui doit lui être attribuée dans la vie du théâtre contemporain.

On pouvait écrire, il y a quelques années :

> L'homme de théâtre le plus célèbre de l'Allemagne – peut-être du monde entier – n'est pas un auteur dramatique : c'est le metteur en scène Max Reinhardt[1].

En France, l'histoire du théâtre entre les deux guerres ne supporterait pas comme cadre un découpage en écoles littéraires; la présentation la moins artificielle serait encore celle qui rattacherait les œuvres à leur scène originelle, distinguant ce qui s'est fait sur les boulevards, dans les subventionnés et dans les «compagnies». Or, ces «compagnies» sont fondées et animées par des metteurs en scène qui ont réfléchi sur leur art, qui savent organiser et exprimer leurs pensées en un idéal esthétique et humain. C'est pourquoi ils

---

1. René Lauret, *Le Théâtre allemand d'aujourd'hui*, Paris, N.R.F., 1934, p. 182.

n'ont pas été des meneurs de jeu seulement sur le plateau : ils ont joué un rôle qui était jadis presque exclusivement tenu par les auteurs, ils ont été de véritables chefs de file dans le « mouvement » dramatique de leur temps. A la bataille d'*Hernani*, le poète dirige en personne les opérations. Lorsque Antoine combat, le groupe des romanciers naturalistes le soutient. La Muse de la poésie symboliste est avec Paul Fort et ses peintres dans la salle où l'on crie : Vive Mallarmé ! Maeterlinck et Ibsen sont derrière Lugné-Poe. Qui est derrière Jacques Rouché au Théâtre des Arts ? Qui est derrière Jacques Copeau « sous le signe rajeuni des colombes »[1] ? Et ensuite… Giraudoux n'est pas plus derrière Jouvet que Jouvet derrière Giraudoux : leur collaboration est une preuve de l'harmonie préétablie. Baty et Dullin sont derrière quelques auteurs et n'ont derrière eux que leurs recherches personnelles sur le passé et l'avenir du théâtre[2].

Plus la présence du metteur en scène est nécessaire, plus son ambition est inquiétante. Critiques et historiens de la litté-

---

1. Jacques Copeau, « Souvenirs du Vieux Colombier (1913-1924) », dans *La Revue universelle*, 15 janvier 1931, p. 151. Remarquons que Copeau, ancien directeur de la N.R.F., avait derrière lui et avec lui le groupe des écrivains de *La Nouvelle revue française* ; mais un tel groupe ne constituait pas une école littéraire et encore moins une école dramatique ; il devait lui donner des œuvres aussi différentes par l'inspiration et l'esthétique que *Le Paquebot Tenacity* de M. Vildrac, *La Mort de Sparte* de M. Jean Schlumberger, *Saül* de M. André Gide, *Cromedeyre-le-vieil* de M. Jules Romains, *Le Pauvre sous l'escalier* de M. Henri Ghéon, *Le Testament du Père Leleu* de M. Roger Martin Du Gard.

2. Il serait impossible de parler de *Maya* de M. Simon Gantillon ou de *Têtes de rechange* de M. Jean-Victor Pellerin (éditées dans *Masques*, cahiers d'art dramatique, 1927 et 1926) sans les considérer comme illustrant une esthétique qui est à la fois celle de leurs auteurs et du metteur en scène, M. Gaston Baty. Accord analogue entre *Voulez-vous Jouer avec moa ?* de M. Marcel Achard et l'esthétique du metteur en scène, M. Charles Dullin, toujours prompt à percevoir le ballet que dessine le mouvement d'une pièce et regardant volontiers du côté du cirque ; il y a de même un étroit rapport entre l'esthétique de Dullin et le style des adaptations qui furent données sur la scène de l'Atelier, *Les Oiseaux b*et *Plutus*, d'après Aristophane, *Le Faiseur*, d'après Balzac.

rature ne cessent de dénoncer le risque, l'acceptant moins volontiers dans un pays où la tradition du beau texte est aussi celle d'une scrupuleuse fidélité dans la représentation[1]; mais les metteurs en scène français sont les premiers à s'interroger sur les droits et les libertés de leur profession.

L'expérience des quarante dernières années éclaire d'abord le problème du machinisme. Il n'est pas nouveau : dans l'opéra du XVIIe et du XVIIIe siècles, la machinerie est une forme du luxe, de la recherche de la beauté par le luxe ; au XXe, elle est une forme du progrès, de l'union de l'art et de la science : dans les deux cas, elle est le signe d'une valeur qui n'est pas une valeur dramatique. Le théâtre n'est pas un magasin, bien qu'un autre art du spectacle puisse se spécialiser dans l'étalage animé. Il n'est pas davantage une annexe du Palais de la découverte : la faillite du théâtre-usine semble définitive et, du même coup, celle de la pièce essentiellement destinée à le montrer en plein fonctionnement. Dès 1913, M. Jacques Copeau disait :

> Se passionner pour des inventions d'ingénieurs ou d'électriciens, c'est toujours accorder à la toile, au carton peint, à la disposition des lumières, une place usurpée... nous entendons nier l'importance de toute *machinerie*[2].

1. Voir l'étude de M. Pierre Brisson, « Devoirs et liberté du metteur en scène » dans *Du meilleur au pire, op. cit.*, et celle de M. Pierre Gastinel, « Réflexions sur la mise en scène » dans *Revue d'histoire de la philosophie et d'histoire générale de la civilisation*, numéro spécial consacré au théâtre, avril-juin 1939.

La querelle sur le rôle du metteur en scène a commencé au moment même où cette fonction a pris son importance ; on trouvera des textes nombreux tout le long du livre de Marie-Antoinette Allevy, *La Mise en scène en France dans la première moitié du XIXe*, notamment p. 30 (une citation curieuse de Bonald) et tout le chap. IX de la Troisième partie : « Les Critiques contre la mise en scène ».

2. J. Copeau, « Le Théâtre du Vieux Colombier » dans *Critiques d'un autre temps*, p. 248.

La violence intransigeante de la négation la tourne à la boutade : la machine a une importance réelle mais limitée à l'ordre du commode ; elle est toujours un moyen et, sauf au music-hall ou au Châtelet, un moyen qui n'est jamais indispensable.

Avec ou sans machines, la mise en scène n'est pas « fin en soi ». Jacques Copeau dénonce un nouveau « cabotinage », dans « l'audace » et « la vanité » du metteur en scène[1]. Même réserve dans les propos de Gémier, même rappel à l'ordre et au texte[2]. « Personne plus que moi », écrit Gaston Baty, ne proteste contre ces « producteurs, pour lesquels une pièce n'est qu'une occasion d'exercer leur virtuosité » : au moment où le metteur en scène prenait son importance actuelle, de passionnantes expériences, en Allemagne et en Russie par exemple, lui ont permis de suivre jusqu'au bout sa volonté de puissance ; ce fut pour le théâtre une époque de recherches très curieuses et suggestives : les Français ont joué leur rôle qui est « de mettre au point une nouveauté, d'en limiter les excès, d'en faire durer ce qui est durable, de la rajuster à la mesure classique »[3].

Deux « excès » caractérisent l'impérialisme du metteur en scène. Lorsqu'il s'attaque à un chef-d'œuvre, il se soucie moins de le mettre en scène que de l'adapter à la mise en scène.

Les metteurs en scène des théâtres d'art ont l'habitude de travailler pauvrement. G. Baty met très simplement les choses au point en disant : « Si l'on nous apporte de nouveaux appareils, de nouvelles machines, tant mieux ! Sinon, je m'en moque. Quand on n'a pas de projecteur, on prend une boîte de biscuits Olibet. Quand on n'a pas de batteries colorées, on tend des feuilles de cellophane avec des épingles à linge. Le metteur en scène doit savoir travailler avec sa pauvreté », *Comœdia*, 19 août 1925, cité par Brillant, *Le Masque et l'Encensoir*, préface, p. 127, n. 1.

1. J. Copeau, art. cit., *Revue des vivants*, juin 1930, p. 775-776. Cf. « Le Metteur en scène » dans *Les Nouvelles littéraires*, 15 octobre 1932, et surtout « La Mise en scène » dans *L'Encyclopédie française*, t. XVII.

2. Gémier, *Le Théâtre*, Entretiens réunis par Paul Gsell, Paris, Grasset, 1928, p. 52 *sq.*

3. G. Baty, « Quatre dangers menacent le théâtre… », art. cit., *Le Figaro*, 9 février 1937.

Comme directeur de théâtre, sa préférence va aux textes assez peu consistants pour n'offrir aucune résistance à sa fantaisie.

Au théâtre de Berlin, après la guerre de 1914-1919, M. Jessner « fait subir aux classiques de larges coupures, sous prétexte que tel ou tel passage n'entre pas dans sa composition personnelle de l'œuvre, ou ne pourrait être récité suivant sa méthode ». Dès que la représentation devient une édition revue et corrigée, il n'y a aucune raison pour s'en tenir aux « améliorations » esthétiques. A la même époque et dans le même pays, M. Piscator donne une interprétation communiste des *Brigands* de Schiller. « M. Piscator, écrit un témoin, ne se contenta pas d'habiller le héros à la moderne, avec un vieux melon et une canne à la Charlot : il fit de lui un doctrinaire de la Révolution. Cette transformation exigea de vigoureuses retouches du texte de Schiller »[1]. Au Studio d'Etat juif de la Russie blanche, en 1925, les *Fourberies de Scapin* sont accompagnées d'intermèdes satiriques antireligieux ; l'actualité de la comédie est soulignée par des airs de fox-trott. Sur l'affiche du *Revizor*,

> Meyerhold est désigné comme auteur non seulement *du projet décoratif, de la mise en scène, du débit, du rythme, de la répartition des morceaux de musique, des effets de lumière, des scènes muettes*, mais aussi *de la biographie des personnages nouvellement introduits*[2].

N'est-il pas plus simple, alors, de s'en tenir à des textes ne méritant pas mieux qu'une place de serviteur ? On eut parfois l'impression, dit M. René Lauret, que Max Reinhardt

---

1. R. Lauret, *op. cit.* p. 196 et p. 162.
2. Nina Gourfinkel, *Théâtre russe contemporain*, Paris, Editions Albert, 1930, p. 117 et p. 74. Voir aussi : Paul Gsell, *Le Théâtre soviétique*, Paris, Editions sociales internationales, 1937, p. 42-43, et p. 82-83, la mise en scène par Meyerhold de *La Dame aux Camélias* devenu « drame social », M. Duval père représentant la classe bourgeoise.

> faisait son choix au petit bonheur, que même, par une sorte
> de gageure, il préférait les pièces les plus mauvaises,
> comme pour montrer que leur succès dépendait moins de
> l'auteur que de lui-même.

Cela, non par amour-propre, mais en cédant à « un instinct
de jeu, qui lui fait préférer les jeux les plus agréables, peut-être
les plus difficiles, ceux qui laissent le plus de place à son
activité »[1]. Tel l'acteur livré à son démon, le metteur en scène
ne voit plus d'autre œuvre que la sienne.

*

C'est pourquoi il réduit la place de l'acteur comme celle de
l'auteur. L'ingénieuse et souvent profonde théorie de Gordon
Craig est une vue de metteur en scène :

> L'acteur disparaîtra ; à sa place nous verrons un personnage
> inanimé – qui portera si vous voulez le nom de *Sur-
> Marionnette* – jusqu'à ce qu'il ait conquis un nom plus
> glorieux[2].

L'acteur est, en effet, à la merci de ses émotions, qui brisent sa
voix, ravinent son visage, commandent toute son attitude ; or,
avec elles, c'est sa personnalité qui entre dans le jeu et introduit un élément extérieur à l'œuvre. Scandale inévitable ;
même lorsque le comédien voit et veut ce que l'auteur a vu et
voulu, sa pensée ne reste jamais maîtresse du jeu : son travail
même échauffe l'émotion, qui doit la « balayer ». Ce scandale,
d'ailleurs, ne disparaîtrait qu'au prix d'un second, celui de
l'homme réduit au rôle de porte-voix et d'esclave d'un autre
homme. Fille des idoles muettes, impassible comme une statue
égyptienne, la Sur-Marionnette sera « le médium fidèle » de la
belle idée de l'artiste.

1. R. Lauret, *op. cit.*, *p.* 192-193.
2. G. Graig, *De l'art du théâtre*, voir tout l'essai « L'Acteur et la Sur-
marionnette », puis p. 162 *sq.*

La Sur-Marionnette signifie d'abord le parti pris d'en finir avec le naturalisme. L'acteur vivant ne peut que copier la vie : il donne un baiser, il lutte, il tombe, il meurt... il ne cesse de faire semblant et de chercher à faire ressemblant. « Œuvre d'imitation, non d'artiste ». Le théâtre doit être œuvre de l'art jusqu'au bout. « Supprimez l'arbre authentique que vous avez mis sur la scène, supprimez le ton naturel, le geste naturel et vous en viendrez à supprimer l'acteur également ». Mais cette suppression signifie surtout que rien ne s'oppose plus au règne du metteur en scène. « Je crois que nous pourrons créer des œuvres d'art du théâtre sans nous servir de la pièce écrite, sans nous servir des acteurs... ». Enfin seul !

Il est vrai que ce démiurge du théâtre n'est pas seulement metteur en scène ; il est à la fois le poète du texte et de la représentation. C'est pour assurer l'unité parfaite du drame qu'il ne partage avec personne la tâche d'en faire un jeu ; la disparition de l'auteur supprimait la dualité de la création littéraire et de la création scénique : la disparition de l'acteur abolit toute pluralité dans l'œuvre de création scénique. Mais, privée de la présence réelle, la représentation perd sa signification théâtrale.

Edward Gordon Craig rappelle avec force que les marionnettes ont leur place parmi les arts du spectacle, que par elles l'imagination dispose d'un mode d'expression original, que la pensée a encore beaucoup à leur demander. Ses pages suggèrent l'idée d'un nouveau monde où ces « créatures symboliques » ne seraient pas les doubles inanimés et rigides des vivants, où jaillirait une poésie qui n'est pas celle des corps en mouvement.

La Sur-Marionnette

> ne figurera pas le corps de chair et d'os, mais le corps en état d'extase, et tandis qu'émanera d'elle un esprit vivant, elle se revêtira d'une beauté de mort. Cet mot de mort vient naturellement sous la plume par rapprochement avec le mot de vie dont se réclament sans cesse des réalistes.

Gordon Craig ne cesse de confondre les manifestations de la vie et la vie comme principe d'existence. Sa dispute avec le naturalisme se déroule sur le plan des manifestations, là où il y a imitation possible : mais la vie comme principe d'existence est au-delà ; la présence réelle n'est jamais l'imitation d'autre chose et n'est pas, elle-même, imitable. Proscrire une action dramatique qui est une combinaison d'actes tirés du répertoire humain et proscrire l'homme de la scène sont deux mouvements bien différents ; le second n'est nullement la suite naturelle du premier. Gordon Craig énonce d'abord une théorie du drame et du jeu ; ensuite, il atteint le théâtre dans son essence et le condamne à mourir avec l'acteur.

L'essence du théâtre exige « le charme » de la présence réelle. Parce qu'il s'achève dans les paroles et les gestes de l'acteur, le drame ne peut être l'œuvre d'un seul ; son unité est d'une nature radicalement différente de celle que souhaite Gordon Craig : elle est toujours l'unité d'une collaboration harmonieuse. Au démiurge qui crée la marionnette, le théâtre substitue le metteur en scène qui connaît le comédien. Au dramaturge qui sculpte le drame, il oppose le metteur en scène qui regarde le drame vivre dans d'autres âmes et unifie ces multiples vies dans la vision souveraine qui sera la représentation.

III. – LE PEINTRE

Se rappeler qu'un tableau – avant d'être un cheval de bataille, une femme nue, ou une quelconque anecdote – est essentiellement une surface plane recouverte de couleurs en un certain ordre assemblées [1].

1. Maurice Denis, « Définition du néo-traditionalisme », 1890, dans *Théories*, 1890-1910, Paris, L. Rouart, p. 1.

Si la représentation tient à l'essence du théâtre, la leçon de Maurice Denis doit être transposée et adaptée : en même temps qu'elle est une tragédie et une comédie, une pièce est un morceau d'espace à remplir.

La décoration a pour fin l'organisation de l'espace scénique. M. Walter René Fuerst lui assigne un triple rôle.

> *Créer le milieu*, ambiance adéquate aux personnages – *Créer l'atmosphère psychologique*, refléter l'âme de l'action, la refléter par des moyens visuels : lumière, couleur, proportion – *Créer l'unité scénique* entre l'acteur et l'espace qui l'entoure, lier l'acteur à l'ensemble scénique[1].

L'action se passe quelque part, serait-ce au ciel, comme l'un des prologues de *Faust*; les acteurs portent des costumes qui indiquent la date de l'action, même lorsqu'elle n'en a point : le lieu et le temps ne disparaissent pas quand l'auteur ou le metteur en scène se moquent de la couleur locale. La troisième fonction dont parle W. R. Fuerst est la suite naturelle de la première : l'acteur se meut dans l'espace et ses attitudes sont liées à la présence d'objets. Clavaroche dit son monologue sur l'amour devant une glace et il faut que Cyrano meure debout, adossé à un arbre. Certains objets ont beaucoup plus qu'un rôle utile ou une valeur décorative : ils sont le centre dramatique du tableau, comme la fontaine au deuxième et au quatrième actes de *Pelléas et Mélisande*, comme « la grande croix de bois avec un crucifix en bronze d'aspect farouche et mutilé » dans le bureau de Sygne de Coûtontaine. Les mouvements des personnages, leurs gestes, leurs regards sont commandés par la présence de ces choses qui jouent.

Le décor qui joue, c'est déjà la seconde fonction reconnue par M. Walter René Fuerst. Elle fait du décor autre chose qu'une collection d'accessoires. Le metteur en scène ne se

---

1. Walter René Fuerst, « Tendances actuelles du décor théâtral » dans *Journal de psychologie*, 1926, p. 351.

contente pas de préparer le cadre de la représentation : il remonte à l'idée du drame et lui demande d'inspirer la représentation comme le texte ou la musique ; ce qu'il cherche dans la pièce, ce n'est plus seulement le mot indiquant que le personnage s'approche de la fenêtre ou que le jour tombe, mais un esprit dont le décor sera l'expression. Il est donc vain de distinguer une mise en scène « qui concerne l'interprétation » et une autre « qui a trait aux décors », selon M. Jacques Copeau, une mise en scène « psychologique » et une mise en scène « picturale », selon Gémier[1]. Celle « qui a trait aux décors » est une « interprétation » et, comme telle, ne peut être séparée de celle « qui concerne l'interprétation » ; celle qui est « picturale » est tout aussi « psychologique » que l'autre si elle a un sens, si elle est un langage, si « les choses ne sont pas que ce qu'elles sont ».

L'absence de décor est un décor ; un acteur nu est une tache de couleur. Point de représentation qui ne soit présence dans un monde à trois dimensions avec un sol, des côtés et un plafond ; le théâtre en plein air ne modifie pas l'énoncé du problème. Il y a toujours une expression du drame pour les yeux, vision d'hommes jouant dans un monde fait pour leur jeu.

Une telle vision est, semble-t-il, celle que donne la peinture. De là deux conséquences. Il appartient au peintre de créer ce cadre irréel qui ressemble à un fond de tableau. Ensuite, puisque le jeu dans ce cadre multiplie les tableaux, n'a-t-il pas aussi pour fonction d'en établir les maquettes ? Monté sur la scène comme décorateur, il y reste comme poète du spectacle.

> N'est-il pas nécessaire, écrivait M. Jacques Rouché, qu'un peintre devienne le conseil du metteur en scène, qu'il

---

1. J. Copeau, « Le Théâtre du Vieux-Colombier » dans *Critiques d'un autre temps*, p. 246-247 ; Gémier, *Le Théâtre*, *op. cit.*, p. 53. Voir aussi la distinction que propose M. P.-A. Touchard, *Dionysos*, p. 166 *sq.* entre le décor matériel du décorateur et les autres parties du décor : décor verbal fourni par les mots et décor plastique fourni par les acteurs.

dessine aussi bien les costumes des acteurs que les décors et les accessoires, qu'assis aux répétitions à côté de l'auteur, il règle, d'accord avec lui, et respectueux interprète du poème, les gestes des personnages destinés à entrer pour une part dans cette fresque mouvante que doit être la représentation d'une pièce; et qu'en un mot il imprime à tous l'impulsion d'où naîtra l'harmonie générale des sons, des couleurs, des lumières, des paroles et des attitudes [1].

Le peintre, à son tour, s'installe au centre de la synthèse dramatique : en lui réside la pensée du tout et, avec elle, le principe de la souveraineté. Il prend d'abord la place du metteur en scène, réduit au rôle d'entraîneur plutôt que d'animateur du jeu. Que le texte soit pâle et les couleurs de la « fresque mouvante » seront comme la musique de l'opéra; ce n'est plus le peintre qui se tiendra à côté de l'auteur mais l'auteur qui travaillera pour le peintre, créateur de ce que l'on vient voir.

Le moyen radical d'éviter la seconde conséquence est de supprimer la première. Le peintre ne s'installera pas sur la scène s'il n'a pas l'occasion d'y monter comme décorateur. Accrochez une glace, ouvrez des portes de bois et non de toile simulant le bois, disposez de vrais quartiers de bœuf à l'étalage du boucher et qu'un vrai jet d'eau jaillisse sur la scène; pour le reste, ces murs qui ne peuvent être de pierre, cette forêt qui ne peut être une voûte frémissante, demandez un décor qui soit une reproduction exacte de la réalité et ce ne sera plus l'affaire du peintre. Le naturalisme le plus épris d'objectivité exclut la peinture : le symbolisme peut s'en passer. Des tentures et quelques accessoires, voilà qui suffît, avec la lumière, pour suggérer tout ce que le monde offre à l'homme et à ses rêves.

Naturalisme et symbolisme sont deux moyens d'éviter l'abus en supprimant l'usage. Les deux expériences, toutefois, sont loin d'avoir la même portée : le naturalisme intégral est

1. Jacques Rouché, *L'Art théâtral moderne*, Paris, 1910, nouvelle édition (même pagination); Bloud et Gay, 1924, p. 11.

une erreur en soi ; le symbolisme n'en devient une qu'à la faveur d'une généralisation injustifiée ; le premier, à dire vrai, supprime, la notion même de style : le second est un style mais non le style de la scène.

Le rôle du peintre au théâtre ne peut être défini à partir d'un style, car le théâtre les admet tous. Si la recherche obstinée d'une pure reproduction est seule exclue, ce n'est pas spécialement par le théâtre : elle est simplement contraire à l'essence de l'art qui se détruit en essayant de devenir une technique de l'enregistrement. La copie de la nature n'est pas un style mais la négation du style. Cette aberration mise à part, la scène est libre, libre pour l'œuvre qui dira si le peintre est nécessaire et quel peintre, car c'est l'œuvre elle-même qui dicte le style des décors et des costumes. Georges Pitoëff jouait *Brand* devant des tentures bleues ; quelques accessoires d'une blancheur tranchante permettaient de suivre le pasteur ibsénien d'un haut plateau couvert de neige au jardin ou dans une chambre de son presbytère. La poésie de *Ruy Blas* ne s'accommoderait guère d'un symbolisme aussi ascétique.

Déterminer le style de l'œuvre n'est pas de la compétence du peintre en tant que peintre.

D'abord, ce qui est premier ici, ce n'est pas une idée de peintre mais une idée de dramaturge. Le graveur ou le peintre qui illustrent les œuvres de Shakespeare cherchent dans le texte des idées de graveur ou de peintre, images qui traduisent leur connaissance du poème à travers leur idéal esthétique. L'homme qui pense le drame dans sa totalité n'a aucune opinion sur la vraie peinture : il est prêt à engager un peintre de la réalité ou un cubiste si le drame le commande. Les écoles sont pour le peintre un monde des fins : si elles sont contradictoires, il doit prendre parti ; elles ne sont au théâtre qu'un répertoire de styles. M. Jean Cocteau change le ton du spectacle lorsqu'il

passe de la « tragédie antique mise au rythme de notre époque »
à la pièce en trois actes selon la formule du boulevard[1].

La source du drame n'est pas une idée de peintre : le spectacle dramatique n'est pas une vision de peintre. Appia insiste
vivement sur ce point. « Le principe essentiel de la peinture est
de tout réduire sur une surface plane : comment pourrait-elle
remplir un espace, la scène à trois dimensions ? ». Il ne suffit
pas de traiter la troisième dimension en trompe-l'œil : l'acteur
se meut devant le décor et sur le sol qui justement échappe à la
peinture. Comment juxtaposer un tableau agrandi qui reste une
surface plane et ces corps qui se déplacent avec leur volume ? Il
y aura une grossière contradiction entre l'illusion produite par
la peinture et l'illusion produite par le comédien. Or, ce qui est
essentiel, c'est la présence vivante de ce ténor qu'est Siegfried.
Au deuxième acte de la *Walkyrie*, écrit Appia, il ne s'agit pas
de représenter une forêt avec des personnages mais des
personnages dans une forêt. L'espace scénique doit être orga-
nisé en pensant au corps de l'acteur, par la combinaison de la
peinture, de la lumière et de l'architecture[2].

---

1. Jean Cocteau, *Œdipe-Roi* ; Paris, Plon, 1928, p. 2. M. Jean Cocteau a
changé de cadre avec *Les parents terribles*, sa « première pièce moderne » :
« Avant ma pièce aux Ambassadeurs », dans *Le Figaro*, 8 novembre 1938.
« Je renoue, dans *Les parents terribles*, avec la tradition des pièces du boulevard, qu'on jouait lorsque je n'avais pas l'âge d'aller au théâtre » : *Le Temps*, 15
novembre 1938. Il s'agit maintenant d'élever la pièce du boulevard à la sobriété
et à la dignité classiques.

2. Appia, « Comment réformer notre mise en scène », dans *La Revue*, juin
1904, p. 343-347. Sur les idées de ce metteur en scène voir : J. Rouché, *L'Art
théâtral moderne*, p. 57 *sq.* Walter René Fuerst, art. cit., *Journal de psychologie*, 1926, présente des observations analogues, p. 352-353 : « Organiser
l'espace de la scène autour de l'acteur, créer l'unité entre l'acteur et un décor
plat conçu en deux dimensions est une gageure que le peintre n'a pu soutenir
que bien rarement... ». Le peintre « ne *vit* pas l'espace » ; sur Appia, p. 358.

En dehors du livre de Rouché et de cet article de Fuerst, voir, pour l'ensemble des questions relatives aux rôles du peintre et de l'architecte :
Léon Moussinac, *La Décoration théâtrale*, Paris, Rieder, 1922, qui raconte
l'histoire du *Théâtre d'Art* de Paul Fort et de *L'Œuvre* de Lugné-Poe.

*

La réaction fut si vive contre « l'aventure décorative », comme disait Copeau, qu'il convient de rappeler la leçon du Théâtre d'art de Paul Fort, du Théâtre des Arts de Jacques Rouché et des Ballets russes. Si le drame n'est pas une idée de peintre se développant en une vision de peintre, il est nécessaire que le metteur en scène ait un œil de peintre et ce serait mieux s'il avait aussi une main capable d'esquisser la maquette d'un décor ou d'un costume.

Au sein de l'harmonie totale qui unit toutes les parties de l'œuvre, le spectacle est lui-même une harmonie et une harmonie visuelle. Gestes et costumes ne sont pas indépendants ; costumes et décors ne le sont pas davantage. Les tableaux vivants de la scène ne sont plus des tableaux, puisqu'ils sont vivants, mais demeurent des formes et des couleurs « en un certain ordre assemblées ». En un ordre qui doit plaire aux yeux. En un ordre qui doit aussi répondre à l'appel du drame. C'est pourquoi cette harmonie visuelle du spectacle sera accordée à l'harmonie totale par une imagination sensible à la coloration dramatique de l'œuvre et trouvant spontanément des équivalences sur la palette. En parcourant le Salon de 1859 et sans penser au théâtre, Baudelaire a parfaitement défini le principe de la transposition qui fait passer de la pièce écrite à la pièce mise en scène.

> Tous les personnages, leur disposition relative, le paysage ou l'intérieur qui leur sert de fond ou d'horizon, leurs vêtements, tout enfin doit servir à illuminer l'idée génératrice et porter encore sa couleur originelle, sa livrée, pour ainsi dire. Comme un rêve est placé dans une atmosphère qui lui est propre, de même une conception, devenue

On trouvera une bibliographie assez complète à la fin de la *Vie de l'art théâtral* par Baty et Chavance.

composition, a besoin de se mouvoir dans un milieu coloré qui lui soit particulier[1].

Sans un œil de peintre qui perçoit l'harmonie de toutes les taches colorées, le spectacle ne sera jamais une œuvre de goût. Une sensibilité de peintre que touche l'âme colorée de la pièce, telle est la condition qui fera du spectacle une expression du drame.

Certains souhaitent plutôt un œil et une sensibilité d'architecte, cherchant au théâtre « la prédominance de la construction pure », selon un vœu commun à toutes les formes de l'art moderne[2]. Les metteurs en scène qui réagissent en architectes contre les peintres ne peuvent être suivis que dans la mesure où leur critique ne substitue pas un abus à un autre : lorsqu'elle construit « par delà toutes les peintures », elle aboutit à des formules dont la portée n'est en aucune manière universelle et dont l'intérêt ne dépasse pas celui des expériences les illustrant. On ne conçoit pas un théâtre sans décor : mais le Vieux Colombier, les « constructives » russes, les

1. Baudelaire, *Curiosités esthétiques*, Salon de 1859, § 4. « Le Gouvernement de l'imagination », dans *Œuvres*, II, « La Pléiade », Paris, Gallimard, p. 231.

Cf. Gordon Craig, dans *De l'art du théâtre*, p. 22 : « Il ne s'agit pas de faire un décor qui distraie notre attention de la pièce, mais de créer un site qui s'harmonise avec la pensée du poète... Prenons Macbeth... Pour moi, je vois deux choses : une haute roche escarpée et un nuage humide qui en estompe le sommet. Ici, la demeure d'hommes farouches et guerriers, là le séjour que hantent les esprits. Finalement la nuée détruira la roche, les esprits triompheront des hommes ». Telle est l'image qui inspire les premiers schèmes de décors. Craig montre ensuite comment cette image directrice se développe en décors concrets. Citons seulement ces lignes significatives sur les couleurs, p. 23 : « Ne consultez pas la nature, mais d'abord la pièce même. Vous y trouverez deux couleurs : celle de la roche et des hommes, celle de la nuée et des esprits. Croyez-en mon avis, ne cherchez point d'autre couleur que ces deux-là tout le temps que vous composerez votre décor et vos costumes, mais rappelez-vous que chacune d'elles comporte beaucoup de nuances ». Cf. p. 152-153.

2. Fuerst, art. cit., p. 354 *sq.* Cf. M. Brillant, *Le Masque et l'Encensoir*, Préface, p. 50-62.

petits-fils de Wagner à Bayreuth ont montré la possibilité d'un théâtre sans peinture; l'architecte bâtit de très beaux tableaux en faisant travailler le menuisier, le tapissier et l'électricien. Quelles que soient les réussites, rien ne permet d'ériger leur principe en loi.

D'abord, la scène est un monde et il n'y a point de monde sans couleurs; la ligne elle-même doit sa précision à la couleur; des colonnes de bois et un escalier sont des masses colorées : seul un naturalisme puéril pourrait proscrire les nuances de la palette et n'accepter que celle des matériaux. Ensuite, c'est ici que la remarque d'Edward Gordon Craig est une vérité : les spectateurs, comme leur nom l'indique, vont au théâtre pour voir quelque chose. Les attirer pour leur montrer l'œuvre d'un peintre est une erreur; ils ne viennent pas pour voir des décors mais pour *voir la pièce*, expression qui répond très exactement à l'essence du théâtre. Représenter, c'est mettre sous les yeux, par suite s'efforcer de plaire aux yeux. Que le metteur en scène s'adresse au peintre ou se passe de son concours, peu importe : le rôle du peintre est, comme celui du musicien, dicté par le style du drame; quels que soient les moyens employés pour l'extérioriser, l'action est traduite en images destinées aux yeux. De tous temps, sculpteurs et architectes ont marié la poésie des couleurs à celle des formes; discréditer la première et condamner sa sensualité n'expriment nullement une exigence esthétique de la stylisation : ce sont les partis pris philosophiques d'un spiritualisme très moderne. La leçon des statues antiques polychromées et des cathédrales peintes est pour le théâtre un enseignement plus positif que l'ascétisme d'une intelligence éprise de géométrie.

CHAPITRE VII

LE LIVRE DES HÉRÉSIES :
MUSIQUE ET DANSE AU THÉATRE

Le mot devient roi au théâtre à la faveur d'une situation quasi royale. Les autres arts n'arrivent au même résultat qu'au prix d'une double usurpation : ils doivent d'abord prendre la place du texte au centre de l'œuvre, puis substituer la suprématie d'une partie sur le tout à la suprématie du tout sur les parties.

Les divers arts du théâtre ont successivement fait craquer la synthèse originelle. Une notion plus générale que celle de théâtre est devenue nécessaire : le théâtre est une synthèse d'arts à côté d'autres synthèses d'arts et ces synthèses différemment centrées constituent une classe que l'on appelle dans les Expositions « arts du spectacle » et qu'il serait préférable de nommer « arts de la représentation », puisque l'essentiel est de rendre présent et non de voir.

Il y a peut-être des genres faux ; il n'y a pas de mauvais genres : il n'y a que de mauvaises œuvres. Toutes les fois qu'un art a déplacé le centre de la synthèse dramatique, il a créé un genre que des chefs-d'œuvre ont illustré ; si nous constatons qu'il a, en même temps, tué le théâtre, ce n'est pas pour instituer un procès mais pour vérifier une définition et saisir l'essence du théâtre à travers les diverses manières de la perdre.

I. – LE MUSICIEN

L'hypertrophie qui donne l'opéra, genre musical, est semblable à celle qui fait du théâtre un genre littéraire. On va à l'Opéra pour entendre : la musique est vraiment l'essentiel.

Il y a bien un texte, mais écrasé ou mieux aplati, si l'on veut rappeler la platitude de nombreux livrets ; le plus souvent, personne ne se plaint de ne pas comprendre les paroles.

Il y a bien une représentation : elle est vite devenue un prétexte à décoration plus luxueuse que soucieuse d'exprimer une vision du drame ; le spectacle pour le spectacle se juxtapose à la musique pour la musique.

Il y a bien le jeu, mais l'acteur disparaît dans le chanteur, le chanteur qui chante avant de jouer. Rappelons une fois encore l'anecdote cueillie dans les souvenirs parisiens de Wagner. Au troisième acte de *Tannhäuser*, Wolfram regarde Elisabeth qui s'en va, puis commence *L'Etoile du soir* : l'interprète

> ne devait en aucun cas quitter le banc de pierre sur lequel il était assis à demi tourné vers le public et d'où il adressait son adieu à celle qui partait.

Or,

> il prétendait que c'était contre tous les usages reçus chez les acteurs d'opéra de ne pas chanter un passage aussi important sur le devant de la scène et tourné vers la salle.

Malgré sa bonne volonté et son enthousiasme wagnérien, le baryton Morelli ne put « obéir » et « descendit vers la rampe »[1].

---

1. Richard Wagner, *Ma vie*, t. III, 1850-1864. Paris, Plon, 1912, p. 299.

Sans doute ces faiblesses ne sont-elles pas inévitables. Il y a des livrets poétiques ; la décoration sait être musicale à sa manière ; on trouve des chanteurs qui jouent. Cependant l'opéra est musique avant d'être drame et sa tendance naturelle le porte à subordonner l'action elle-même à la vie mélodique. S'il s'accommode si aisément d'un texte banal, d'une mise en scène purement extérieure, d'un jeu conventionnel, c'est parce que la musique, livrée à elle-même, se contente d'un drame insignifiant, simple trame permettant d'enchaîner une ouverture à un chœur, une chanson à un duo.

« L'acteur s'en va parce qu'il a chanté son air, un autre reste parce qu'il en doit chanter un… », écrivait déjà le président de Brosses[1]. L'action n'est qu'un prétexte : n'existant pas pour elle-même, on lui demande à peine d'exister par elle-même.

Cet effacement du drame ou plus exactement cette absorption du drame par la musique conduit à *La damnation de Faust*, œuvre qui, à la limite de l'opéra et du poème symphonique, est intégralement elle-même au concert comme sur la scène, la représentation n'ajoutant presque rien à l'exécution.

*

L'histoire de la musique de théâtre est celle d'un effort sans cesse repris pour substituer le drame musical à l'opéra. Deux noms sont les symboles de cette volonté de restauration dramatique : Gluck et Wagner.

Gluck a parlé clairement dans l'épître dédicatoire de la partition italienne d'*Alceste*[2].

1. Cité par Baty et Chavance, *Vie de l'art théâtral*, p. 160.
2. Texte traduit dans Julien Tiersot, *Gluck*, Paris, Alcan, 1910, p. 229-230. Voir d'autres textes cités et commentés dans R. Rolland, *Musiciens d'autrefois*, Paris, Hachette, 1908, p. 234 *sq.*

> Je songeai à réduire la musique à sa véritable fonction qui est de seconder la poésie dans l'expression des sentiments et des situations de la fable...

Ainsi est proclamée la primauté de l'action dont la première traduction est celle des mots ; mais ce langage est insuffisant ; il a besoin d'être « secondé » : musique et poésie sont intimement unies au service de « la fable ».

> Je crus que la musique devait être à la poésie comme, à un dessin correct et bien disposé, la vivacité des couleurs et le contraste bien mécnagé des lumières et des ombres, qui servent à animer les figures sans en altérer les contours.

Et dans une lettre à La Harpe il écrit ces lignes décisives :

> La voix, les instruments, tous les sons, les silences mêmes, doivent tendre à un seul but qui est l'expression ; et l'union doit être si étroite entre les paroles et le chant que le poème ne semble pas moins fait sur la musique que la musique sur le poème[1].

Expression du drame, la musique suit son mouvement.

> J'ai imaginé, continue-t-il dans la préface d'*Alceste*, que l'ouverture devait prévenir les spectateurs sur l'action qui va se présenter, et en former pour ainsi dire l'argument.

Aucun effet d'ordre musical ne doit en interrompre le développement. « Pas d'ornements inutiles et superflus ».

> Je n'ai voulu ni arrêter un acteur dans la plus grande chaleur du dialogue pour lui faire attendre une ennuyeuse ritournelle, ni le retenir au milieu d'une parole sur une voyelle favorable, soit pour faire parade dans un long passage de l'agilité de sa belle voix, soit pour attendre que l'orchestre lui donne le temps de reprendre haleine pour une cadence.

L'orchestre lui-même, d'ailleurs, joue le drame.

---

1. Cité par R. Rolland, *Musiciens d'autrefois*, p. 235.

J'ai imaginé que le concours des instruments devait se régler en proportion de l'intérêt et de la passion…

Gluck pense en homme de théâtre qui travaille pour la scène et qui ne s'intéresse guère au concert ni même à la partition écrite : comment ne pas parler ici de « drame intégral ? ».

Ce drame intégral, Richard Wagner en construit la théorie en philosophe du théâtre autant qu'en homme de théâtre. C'est pourquoi nul n'a plus fortement que lui dénoncé l'essence antidramatique de l'opéra : « L'erreur dans le genre artistique de l'opéra consiste en ce que *l'on fait d'un moyen d'expression* – LA MUSIQUE – le *but, et réciproquement, du but de l'expression* – LE DRAME – *le moyen* »[1].

> Le poète reçoit son inspiration du musicien, prête l'oreille aux fantaisies de la musique, se plie aux caprices du musicien, choisit le sujet d'après son goût, modèle ses caractères d'après le genre de voix des chanteurs, qui exige un arrangement purement musical ; crée des situations dramatiques dans lesquelles le musicien veut s'abandonner et s'étaler – bref dans sa subordination au musicien, il ne construit le drame que selon les intentions spécialement musicales du compositeur[2].

Il en sera ainsi tant que la construction du drame sera confiée au musicien. L'homme qui fait bâtir une maison ne s'adresse pas au sculpteur ou au tapissier, mais à

> l'*architecte*, qui comprend en lui le sculpteur et le tapissier ainsi que tous les collaborateurs nécessaires à l'érection de la maison, puisqu'il donne une fin et une ordonnance à leur activité commune[3].

---

1. Richard Wagner, *Opéra et drame*, traduction J. G. Prod'homme, 2 vol. Paris, Delagrave, s. d., t. I, p. 60 ; cf. p. 178.

2. *Ibid.*, p. 62.

3. *Ibid.*, p. 58.

Cet architecte du théâtre, c'est l'artiste qui est à la fois poète, musicien et metteur en scène.

« Après avoir saisi la relation qui existe entre la plastique et la mimique, j'examinai celle qui se trouve entre la musique et la poésie ». Or, déclare Wagner,

> je reconnus que précisément là où l'un de ces arts atteignait à des limites infranchissables commençait aussitôt, avec la plus rigoureuse exactitude, la sphère d'action de l'autre [1].

L'entendement énonce l'intention dramatique dans le « langage nu des mots »; elle est communiquée à la sensibilité et « réalisée » dans « le langage plein des sons » [2]. Le vers d'abord, puis la mélodie qu'appelle le vers révèlent l'homme qui agit; le « langage orchestral » exprime ce qui n'est pas exprimé, « faculté d'éveiller des pressentiments et des souvenirs » [3]. Le langage orchestral enfin est directement uni « avec cette autre chose également inexprimable, le geste » [4] : « geste et mélodie d'orchestre forment un tout intelligible en soi comme l'est, pour soi, la mélodie verbale et musicale » [5].

« Le drame intégral » n'est pas une théorie mais la formule d'une œuvre qui existe puissamment. La composition du poème est pour Wagner aussi importante que celle de la musique : il médite et écrit celui des Niebelungen longtemps avant la partition; il l'imprime pour ses amis et en donne des lectures [6]. Quand un drame est terminé, les décors sont exécutés sous ses ordres; il prévoit jusqu'à la manière dont le rideau s'ouvre et se ferme à la fin du Crépuscule des dieux, il se referme len-

---

1. Lettre de Wagner à Berlioz, citée par Baudelaire, L'Art romantique, dans Œuvres, « la Pléiade », Paris, Gallimard, t. II, p. 492.

2. Opéra et drame, t. II, p. 73.

3. Ibidem, t. II, p. 223; cf. p. 194 et p. 215.

4. Ibidem, t. II, p. 196.

5. Ibidem, t. II, p. 198.

6. Ma vie, t. III, p. 66 sq.

tement, laissant voir encore longtemps l'embrasement du
Walhalla, tandis qu'il clôt brusquement les scènes bouffonnes
du deuxième acte des *Maîtres chanteurs*, au milieu des rires
joyeux des spectateurs[1].

Wagner : « une pensée où tout est drame »[2].

« Pourquoi ne pas ajouter que Richard Wagner nous a
donné le vertige et la fascination du Drame ? »[3].

*

Il est très difficile de faire à la musique sa part. Mozart le
sentait bien, lui qui donne tout à la musique parce qu'elle dit
tout. Les mots n'ajoutent rien à celle des *Noces*, de *Don Juan* et
de *La Flûte enchantée* ; ils ne sont qu'un support. La mise
en scène devrait être ici une méditation sur la musique ; le
drame existe totalement en elle : c'est d'elle, non du texte, que
jailliront les couleurs, la lumière et le jeu. Wagner avait raison
de voir en Mozart un de ces génies dont l'œuvre représente une
expérience décisive :

> Il était si absolument et si complètement musicien que, par
> lui, nous pouvons comprendre de la façon la plus claire et la
> plus probante la seule position vraie et exacte du musicien à
> l'égard du poète[4].

Le pur musicien ne peut qu'oublier le poète. La musique dramatique dispense du drame musical.

Le drame musical est l'œuvre du musicien qui est aussi
dramaturge, qui ne se contente pas de chanter l'action mais la

---

1. Albert Lavignac, *Le Voyage artistique à Bayreuth*, Paris, Delagrave,
12ᵉ édition, 1921, p. 531-532.

2. Joseph Baruzi, *Le Rêve d'un siècle*, Paris, Calmann-Lévy, 1904,
2ᵉ partie : « Richard Wagner », p. 202, titre du chapitre III, qui en est tout entier
un commentaire frémissant et précis.

3. Jacques Copeau, *Critiques d'un autre temps*, p. 228.

4. *Opéra et drame*, t. I, p. 84.

crée ou la recrée. Il n'est peut-être pas, en effet, indispensable que le même artiste soit poète, musicien et metteur en scène. Wagner ne déclare pas impossible la collaboration d'un poète et d'un musicien également dramaturges : on comprend qu'une personnalité débordante comme la sienne en ait difficilement supporté l'idée. Il en faisait, d'ailleurs, une communion si intime qu'il était plus sage d'y voir une chimère[1]. L'expérience a prouvé qu'une espèce de mariage spirituel n'était pas l'unique formule d'une telle association. Il suffit que le poète soit un vrai poète et qu'il laisse le musicien parfaitement libre, ce que fit Maurice Maeterlinck avec Debussy et Paul Dukas : *Pelléas et Mélisande*, *Ariane et Barbe-bleue* ne sont pas l'œuvre d'un seul et pourtant pareil équilibre n'avait peut-être jamais conduit le drame musical plus près du drame intégral.

Car le problème est là : création d'un seul ou harmonie de créations convergentes, le drame musical peut-il être le drame intégral ? Si son essence est le drame, l'essentiel en est la musique. Une belle musique sur un livret faible sera toujours préférable à un beau poème que reflète une musique sans génie. Un mauvais décor sera toujours moins pernicieux qu'un mauvais orchestre. Les mises en scène de Wagner ne sont plus à notre goût, de sorte que nous soupçonnons le sien ; la boutade de Bœcklin n'est sans doute pas complètement fausse : « Wagner n'entend rien à la peinture »[2] ; mais qui s'en soucie ? Personne ne reprochera à Debussy d'avoir taillé un livret dans le texte de Maeterlinck. Gabriele d'Annunzio montra une

1. *Opéra et drame*, t. II, p. 251-254. Ce problème des rapports du musicien et du poète, Wagner le pose à propos de Gluck, t. I, p. 70-72, puis de Mozart, t. I, p. 85-86. L'œuvre *une* pourrait être le fruit d'une collaboration entre un musicien et un poète s'il était possible à un individu de surmonter parfaitement son égoïsme ; ce qui amène Wagner à souhaiter un artiste unique, c'est donc moins une difficulté pratique que la conscience d'un obstacle métaphysique, lié à la conception schopenhauérienne de l'individualité.

2. Cité par J. Rouché, *L'Art théâtral moderne*, p. 14.

claire intelligence de la situation lorsque Debussy se proposa de tirer un drame lyrique du *Martyre de Saint-Sébastien*. Il fallait remanier et surtout abréger le poème, l'autorisation du poète était nécessaire : la réponse fut que le musicien pouvait en disposer «comme bon lui semblerait et que tout ce qu'il ferait serait bien fait»[1].

Quand nous assistons à une représentation de *Pelléas* ou d'*Ariane*, nous sommes ravis d'entendre des paroles qui ne sont pas indignes de la musique : toutefois nous ne sommes pas venus pour elles, mais pour la musique. Maeterlinck existe sans Debussy et sans Paul Dukas : son *Pelléas* et son *Ariane* demandent une autre représentation.

Lorsque les deux langages sont unis d'un bout à l'autre de l'œuvre, celui des mots est intermittent, celui des sons, continu. La présence continue de la musique introduit dans la synthèse dramatique une valeur qui défie les plus subtils équilibres. Il n'est pas sûr que l'auteur de la *Tétralogie* respecte rigoureusement le cadre tracé par celui d'*Opéra et drame* ;

> toute situation, écrit très justement Paul Claudel, provoque chez lui des soulèvements sonores qui engloutissent tout le reste et qui ne s'apaisent un peu que pour regonfler un peu plus loin de nouvelles ondes[2].

Le drame s'élargit en épopée, ce qui le rapproche de la symphonie et l'écarte de son essence.

Le drame intégralement musical n'est intégralement dramatique qu'au prix d'une ascèse.

La nécessité de cette ascèse musicale est indiquée par Debussy lorsqu'il appelle *Pelléas et Mélisande* «drame lyrique». Est «lyrique» ce qui se chante avec accompagne

---

1. Louis Laloy, *La Musique retrouvée*, Paris, Plon, 1928, p. 212.
2. Paul Claudel, « Le Drame et la Musique » dans *Le Livre de Christophe Colomb*, p. 17.

ment de la lyre. A une époque où il cherchait encore un poète, Debussy disait comment il l'accueillerait :

> Qu'il n'ait crainte ! Je ne suivrai pas les errements du théâtre lyrique, où la musique prédomine isolément ; où la poésie est reléguée et passe au second plan, étouffée par l'habillage musical trop lourd. Rien ne doit ralentir la marche du drame : tout développement musical que les mots n'appellent pas est une faute.

Ces remarques appartiennent à la critique traditionnelle de l'opéra ; mais « Claude de France » ajoute :

> Au théâtre de musique, on chante *trop*. Il faudrait *chanter* quand cela en vaut la peine et réserver les accents pathétiques. Il doit y avoir des différences dans l'énergie de l'expression. Il est nécessaire par endroits de peindre en camaïeu et de se contenter d'une grisaille[1].

Pourquoi cette dégradation de l'énergie musicale n'irait-elle pas jusqu'au silence ? Au point de vue du musicien, la question n'a aucun sens : elle est capitale dans une discussion sur l'essence du théâtre.

Lorsque le père de Louise demande : « La soupe est prête ? » la musique est superflue ; elle serait même ridicule si le « roman musical » de Gustave Charpentier n'était une expérience et une expérience qui devait être faite. Il est inutile de mettre en musique « la soupe est prête ? » non parce que ces mots sont prononcés par un ouvrier, mais parce qu'ils n'expriment pas un état d'âme lyrique. Le drame est partout où il y a des hommes ; le drame musical, en tant que drame, n'est nullement limité aux légendes lointaines ou symbolistes ; mais, en tant que musical, il préfère naturellement des sujets où les

---

1. Cité par Robert Jardillier, *Pelléas*, Paris, édition Claude Aveline, 1927, p. 59-60. Sur le problème du drame musical en général et les diverses solutions possibles, voir le chapitre « Ravel et le théâtre », dans Roland-Manuel, *Maurice Ravel et son œuvre dramatique*, Paris, Librairie de France, 1928.

éléments non lyriques seront le moins encombrants. En choisissant Siegfried ou Parsifal, Mélisande ou Ariane, le musicien qui les fait chanter risque peu de les trouver dans une situation telle qu'ils doivent demander : « la soupe est prête ? ».

Le drame musical n'est donc qu'une forme de « drame intégral » puisqu'il ne peut représenter l'intégralité du drame humain ; en faire l'unique modèle de la synthèse dramatique serait exclure de celle-ci tout ce qui souffre et rit en prose. Les réflexions de Claude Debussy permettent d'ajouter : même dans le cas privilégié où le sujet choisi lui offre peu de résistance, il est préférable qu'une musique continue ne soit pas continuellement dramatique. L'« antidilettante M. Croche » introduit alors dans le drame un principe qui limite l'exigence musicale à l'expression des états lyriques et conduit très naturellement à une formule différente. Admettre que le langage de la mélodie et de l'orchestre est intermittent, comme celui des mots, ce sera renoncer à un postulat du drame musical, non à une condition du drame, car il n'est nullement dans son essence qu'une musique accompagne l'action d'un bout à l'autre de son développement. Un autre « drame intégral » apparaît où la musique intervient pour dire ce que, seule, elle peut dire, pour suggérer ce que ni les mots ni les gestes ne savent exprimer.

II. – Le danseur

On a souvent rappelé que le théâtre est né de la danse, « l'acte pur des métamorphoses »[1].

La danse est l'art du mouvement. Mais l'art se sert d'une matière choisie. Si toute danse est mouvement, tout mouvement n'est pas danse. L'exercice quotidien des membres est à

---

1. Paul Valéry, *L'Ame et la danse*, en tête d'*Eupalinos*, Paris, Gallimard, p. 46.

celle-ci ce qu'une lettre d'affaires est à la poésie. De là l'importance de la tradition qui transmet les résultats d'une patiente
sélection. Transfiguration serait plus juste que sélection : la
danse « élabore le mouvement comme ailleurs s'épurent les
ordres divers de sensations comme d'un bruit on fait un son »[1].

M. Raymond Bayer rappelle aussi dans son étude sur la
grâce et la danse que celle-ci est « art de synthèse ».

> Elle ordonne les mesures et les rythmes comme la musique ;
> elle traite du corps de l'homme comme la sculpture ; elle
> s'érige comme l'édifice, décore comme la frise ; comme les
> arts de la parole, elle est, étant mimique, langage de l'âme[2].

L'esthéticien ajoute toutefois cette précision : « elle demeure
plus rythme que forme, moins plastique que musicale ». C'est
pourquoi musique et danse furent unies dès l'origine et, si la
musique a pu poursuivre un destin séparé, la danse dans le
silence ne fut jamais qu'une expérience de laboratoire[3].

*

La danse est-elle un genre théâtral ?

Il y a théâtre lorsqu'il y a spectacle, lorsque les hommes se
divisent en deux groupes : ceux qui regardent et ceux que l'on
regarde. Or, en son principe, la danse est un jeu auquel tous
sont invités. Une danse populaire n'est pas un spectacle pour le
peuple mais un jeu où le peuple danse. Jeu si peu artificiel
qu'un maître de la chorégraphie comparée croit reconnaître
« un fonds commun à l'humanité » : la génération spontanée
des mêmes formes dans les sociétés les plus différentes, écrivait André Levinson, « s'explique par certaines lois imma-

---

1. Raymond Bayer, *L'Esthétique de la grâce*, Paris, Alcan, 1933, t. II,
p. 214.

2. *Ibidem*, p. 212.

3. Maurice Brillant, préface à *Le Masque et l'Encensoir*, p. 37.

nentes qui régissent le mouvement, dès qu'il tend à se muer en danse » ; il allait jusqu'à dire :

> il n'y a pas de danses nationales : il n'y a qu'une danse populaire unique qui ne s'arrête à aucune frontière... ce qui est local, national, particulier à une race ou à un terroir, se superpose à cet avoir indivis du genre humain [1].

Ce jeu, toutefois, est aussi art. La différence essentielle entre le jeu et l'art tient à ce que, seul, le second est création de formes choisies transmises avec une technique de leur production qui ne peut être prise pour les règles d'un jeu. La danse devient un art du spectacle en devenant de plus en plus un art, lorsque l'invention des mouvements et la difficulté de leur exécution distinguent le danseur du spectateur. La danse populaire n'est plus alors celle que danse le peuple mais celle dont la présentation le divertit.

Cet art du spectacle est-il un genre théâtral ? Il est probable qu'en cédant à cette tentation le ballet trahit à la fois l'essence de la danse et celle du théâtre.

Genre théâtral, le ballet doit être surtout un langage. Dans la synthèse décrite par M. Raymond Bayer, la faculté d'exprimer devient la fonction de la danse. En même temps, l'œuvre change de sens : sa fin n'est plus l'expression lyrique d'une émotion mais la traduction dramatique d'un sujet dansé. Il convient alors d'accentuer la valeur expressive des divers arts qui participent à la synthèse et chaque chorégraphe le fait selon ses préférences, en assignant à tel ou tel un rôle dramatique privilégié.

La danse peut être tableau vivant : elle ne le fut jamais mieux que le jour où M. Jean Borlin dansa ceux du Greco. Le maître des ballets suédois devait lui-même reculer devant les conséquences d'une telle conception lorsqu'il vit dans le

---

1. André Levinson, *Les Visages de la danse*, Paris, Grasset, 1933, p. 202-204.

danseur « l'homme-sandwich condamné à porter le panneau-réclame des grands peintres » [1].

La danse peut être aussi une sorte de frise qui se déroule le long d'une mélodie, un jeu dont le texte serait musical, avec cette différence qu'à la comédie le texte est écrit pour le jeu tandis qu'Isodora Duncan dansait Beethoven et Schumann. Servante du peintre ou servante du musicien, Terpsichore, disent ses fidèles, devrait, au contraire, demander au musicien comme au peintre de la servir.

La danse peut être enfin histoire sans paroles. Le chorégraphe, le musicien et le peintre travaillent en collaboration avec l'auteur d'un scénario. Les mouvements racontent; le jeu est autant pantomime que danse : un drame l'habite et impose ses fins. Une critique chorégraphique éprise de danse pure dénoncera toujours dans le ballet d'action la plus belle des hérésies.

Si la danse est, comme la musique ou la peinture, un art souverain, elle ne peut être que première et autonome dans le ballet. L'artiste danse à l'intérieur d'un tableau, non pour créer un sujet de tableau. Il danse non une musique mais sur la musique, comme sur un tapis, écrit le compositeur Roland-Manuel [2]. Il danse non un drame mais un jeu de mouvements et de formes. L'artiste danse une danse. Plus le ballet s'approche du théâtre, plus il s'écarte de son essence et plus apparaît vain son effort pour devenir du théâtre.

Le ballet d'action est la synthèse de la danse remaniée au profit de l'expression dramatique et devenant une forme nou-

---

1. Cité par M. Brillant, *op. cit.*, p. 40, n. 1.
2. Cité par M. Brillant, *op. cit.*, p. 38. On trouve dans cette étude des pages très précises sur la danse pure, p. 37-43 ; voir aussi, du même Maurice Brillant : « L'Influence multiforme des ballets russes », dans *Revue musicale*, décembre 1930 et janvier 1931 et surtout la série d'études publiées dans *L'Encyclopédie française*, t. XVI, 1935 : « La Danse » ; t. XVII, 1936 : « Les Tendances actuelles de la danse », et « La Profession chorégraphique ». Sur l'esprit de la danse française, R. Bayer, *op. cit.*, t. II, p. 215-217.

velle de la synthèse dramatique. L'équilibre rompu ailleurs par la primauté de la littérature ou de la musique se trouve ici rompu par celle du geste. Expérience magnifique où l'absence des mots est le plus clair commentaire de leur pouvoir au théâtre. C'est M. Serge Lifar qui écrit :

> L'art de la danse est peut-être le plus directement communicatif, le plus extatique, le plus expressif, et le plus émouvant de tous. Mais il est aussi le plus limité dans ses moyens d'expression, le plus primitif, le plus bête de tous les arts.

Bête au sens où un poète a dit que « la poésie doit être un peu bête », mais encore plus *bête* que toutes les poésies, puisque son langage ne dispose ni des ressources intellectuelles de la parole ni des richesses sentimentales de la musique. M. Serge Lifar souligne lui-même sa conclusion : *« Nous ne pouvons pas et nous ne devons pas tout danser »* [1].

La supériorité de la danse n'est pas dans son pouvoir d'expression mais dans sa grâce qui lui permet justement de ne rien dire et d'être divertissement pur.

C'est avec ses qualités propres que la danse, sans mimer le théâtre, demeure comme composante dans la synthèse dramatique. Elle lui apporte son pouvoir d'expression qui, très limité comme faculté de signification, a, comme faculté de communication, le privilège d'être la seule langue à peu près universelle. Elle lui apporte surtout sa grâce qui s'ajoute à la vertu divertissante du drame : car la tragédie la plus sombre est, par essence, divertissement.

Les intermèdes de danse ne s'appelaient pas sans raison divertissements et la comédie-ballet n'est en aucune manière une juxtaposition de deux genres. Dans *L'Amour médecin* ou dans *Le Bourgeois gentilhomme*, le ballet n'est pas une concession au parterre, un « numéro » qui pourrait disparaître

1. Serge Lifar, « Les Grands courants de la chorégraphie à travers le XXᵉ siècle », dans *Deuxième congrès international d'esthétique et de science de l'art*, 2 vol., Paris, Alcan, 1937, t. II, p. 478-480.

devant un public plus raffiné : la musique et la danse sont ici des éléments constitutifs de l'œuvre au même titre que le texte ; leur suppression serait aussi grave que des coupures dans le dialogue. C'est le même génie, Sainte-Beuve l'a bien vu, qui aiguise l'ironie du moraliste puis se complaît « à la fantaisie du rire dans toute sa pompe et au gai sabbat le plus délirant »[1]. Dans « comédie-ballet » le trait d'union est essentiel : le ballet n'interrompt pas la comédie mais marque le moment où elle s'affirme comme divertissement, brise définitivement et complètement tout rapport de similitude avec le monde, ne tolérant même plus en elle l'illusion du réel. « Allons donc nous mettre à table, et qu'on fasse venir les musiciens… ». Pour bien montrer que ce repas servi par des cuisiniers qui dansent n'est pas destiné à des hommes qui mangent.

Ils ne mangeront pas, soit parce que la comédie du « bourgeois-gentilhomme » s'écarte du drame bourgeois, soit parce que l'île de Prospero n'est connue d'aucun géographe[2]. Le théâtre s'affirme comme divertissement par la caricature ou par l'enchantement, par la stylisation comique ou par la transfiguration poétique. La danse est, à la limite, cette promesse tenue sans compromission. Bouffonnerie ou grâce, elle signifie que la vérité se détache de la réalité : car les vérités pleuvent autour de M. Jourdain et de l'invisible Ariel, indifférentes à la mascarade comme à la magie.

1. Trois pages parfaites sur Molière homme de théâtre dans Sainte-Beuve, *Portraits littéraires*, nouvelle édition revue et corrigée, Paris, Garnier, t. II, p. 34-36. Voir aussi Ramon Fernandez, *La Vie de Molière*, Paris, Gallimard, 1929, p. 37, et René Bray, *Molière, homme de théâtre*, Paris, Mercure de France, 1954.

2. *Le Bourgeois gentilhomme*, fin de l'Acte III. – *La Tempête*, Acte II, scène III : « Entrent plusieurs formes étranges, apportant un festin en dansant autour avec des révérences gracieuses… ».

*

Si telle est la signification de la danse, son rôle au théâtre n'est nullement limité aux intermèdes chorégraphiques. La stylisation caricaturale ou l'évasion poétique imprime au jeu un mouvement qui est déjà un mouvement de danse.

Le geste exprime pour la vue ce que la parole ne peut dire ou se dispense de dire ; il souligne une intonation, remplace un mot, contracte un récit. Comme il permet d'économiser les paroles, il doit donner lui-même l'exemple de l'économie. Sa vertu propre est la discrétion ; car le vocabulaire est riche, les nuances de la voix sont délicates, les yeux parlent pour tout le corps et, le plus souvent, il sera inutile d'aller jusqu'au bout du geste pour être compris. Ce que l'homme bien élevé appelle une attitude naturelle, c'est donc une manière de s'exprimer que la discipline de l'éducation a rendue schématique et réduite à un langage d'accompagnement.

Le rapport du geste à la danse ne semble pas être celui du concret à l'abstrait, comme si le geste était une danse appauvrie et la danse un geste parfait. La danse peut être aussi abstraite que le geste, arabesque rituelle du ballet cambodgien ou combinaison savante de la danse classique. La différence est dans la raison d'être : le geste est simple accompagnement dans l'expression, la danse est expression par elle-même et invite les autres modes d'expression à lui servir d'accompagnement. Que la caricature raidisse le geste en une géométrie animée ou que son mouvement devienne gracieuse mélodie, il acquiert un droit de suggérer plus libre et plus étendu que le devoir de servir la parole ; trouvant sa valeur dans sa propre forme, il cesse d'être un trait qui souligne le mot ; son rythme appelle la musique : un pas de plus et ce sera un pas de danse.

Wagner a mis en lumière une double relation esthétique : le geste est le complément de la parole ; la musique, le complément du geste[1]. Précisons la seconde lorsque le geste, ne tenant plus seulement un rôle complémentaire, tend à devenir danse. Un acteur arpente la scène de long en large, les mains dans les poches; un haussement d'épaule complète le sens de son attitude: elle dit: «je m'en moque». Rythmer la marche, hausser les épaules en cadence, accorder les deux mouvements, et voici dans la comédie la tentation de la danse.

Deux mises en scène de M. Gaston Baty montrent parfaitement le rôle de la danse au théâtre; il s'agit d'œuvres qui sont classiques, chacune en leur genre, *Un chapeau de paille d'Italie*, de Labiche, et *Les Caprices de Marianne*, d'Alfred de Musset[2].

Il y avait trois manières de présenter *Un Chapeau de paille d'Italie*. Prendre le texte tout nu, jouer la pièce telle que Labiche l'a vue, un vaudeville avec quelques gais couplets: il n'est pas sûr qu'aujourd'hui le plat puisse être servi sans «assaisonnements», comme dit Aristote, ne serait-ce qu'un cadre et des costumes du second Empire. Tourner la pièce en farce est certainement une manière de la sauver: mais une farce peut-elle se prolonger pendant cinq actes? La virtuosité menace la *vis comica* d'une caricature laissée aux seules ressources du crayon: nous sentons des longueurs dans le film si intelligent de M. René Clair. M. Gaston Baty choisit un troisième parti: dès le lever du rideau, toute référence au réel est supprimée; la fantaisie abolit l'univers des jours sans fête et découvre dans la vieille comédie un ballet qui s'ignore. La musique unie au texte et au jeu fait ressortir le mouvement qui circule à travers des quiproquos faciles et sous des plaisan-

---

1. *Opéra et drame*, t. II, p. 196-199.
2. *Un Chapeau de paille d'Italie*, mise en scène de Gaston Baty à la Comédie-Française, 1938, spectacle très intéressant à de multiples titres, où, notamment, M. Pierre Bertin montrait ce que peut être l'acteur-chanteur-danseur [et cela sans sortir d'une école de gymnastique, comme certains metteurs en scène le croient nécessaire]. – *Les Caprices de Marianne*, au Théâtre Montparnasse, 1936, reprise en 1940; cf. *Les Caprices de Marianne*, mise en scène et commentaires de Gaston Baty, Coll. «Mises en scène», Paris, Editions du Seuil, 1952.

teries souvent poussiéreuses. Le dialogue de Labiche est dansé ; les personnages sont des poupées qui sortent de leur boîte et qui, dans leurs gestes les plus souples, conserveront quelque chose de leur irréalité originelle : la vie biologique est expulsée au profit d'une vie purement poétique.

Dans *Les Caprices de Marianne*, Gaston Baty profite de quelques indications de Musset pour dérouler entre les tableaux une guirlande animée. Trois baladins et une danseuse évoquent le carnaval napolitain. La musique mêle à des thèmes populaires italiens le souvenir de romances contemporaines et les chansons seront des poésies de Musset écrites à la même époque que la comédie. Spectacle juxtaposé au dialogue, diront certains lettrés, enjolivements destinés à mettre en valeur le talent du metteur en scène… Nullement. Lorsqu'un auteur n'a pas lui-même l'expérience de la scène, une liberté relative est accordée à celui qui se charge de la représentation : ainsi, dans *Les Caprices de Marianne*, les divertissements permettent de ne pas imposer aux multiples tableaux une unité de lieu que le poète n'a jamais souhaitée ; à la faveur des intermèdes, les changements de décor sont possibles sans briser le rythme de la pièce. Mais une raison plus profonde les justifie. Les personnages de Musset n'ont point de vie quotidienne ; on ne les voit pas payant leurs impôts, touchant un traitement, lisant le journal. Leur donner un corps et une voix risque de les *dénaturer* ; ils appartiennent à un monde où la profondeur n'est jamais épaisseur : les installer dans le nôtre est pour eux une chute qui leur fait perdre une sorte d'innocence poétique. « Réaliser » l'œuvre de manière à abolir tout réflexe « réaliste », créer sur les planches un climat qui ne soit plus celui de la terre, tel est, par la grâce de la danse, le plus humain des miracles [1].

---

1. On trouvera une bibliographie d'ouvrages récents dans Marie-Françoise Christoux, *Histoire du ballet*, « Que sais-je ? », Paris, P.U.F., 1966, et d'intéressants essais dans *La Musique et le Ballet*, revue musicale, n° 119, 1953.

CHAPITRE VIII

CATÉGORIES DRAMATIQUES
ET CATÉGORIES ESTHÉTIQUES

Il nous semble naturel de rapporter à l'esthétique des notions comme celles de dramatique, de tragique ou de comique. Or, s'il y a une référence permanente sous l'adjectif et le substantif « esthétique », c'est bien celle que donne Littré dans son *Dictionnaire de la langue française* et que M. Lalande indique avant toute autre définition dans le *Vocabulaire de la Société française de philosophie* : « Qui concerne le Beau »[1]. Ce « qui concerne le Beau », c'est telle comédie, non le comique ; telle tragédie, non le tragique : c'est donc une œuvre d'art,

1. *Vocabulaire technique et critique de la philosophie*, revu par MM. les membres et correspondants de la Société française de Philosophie..., publié par André Lalande, 2 vol., Paris, Alcan, 1926, t. I, art : « Esthétique, adj ». De même, à « Esthétique, subst. » : « Science ayant pour objet le jugement d'appréciation en tant qu'il s'applique à la distinction du Beau et du Laid ».

Je prends ici le mot *catégorie* dans un sens qui n'est nullement kantien et qui correspond à cette acception « non technique » que donne M. Lalande dans le *Vocabulaire* cité : « les concepts généraux auxquels un esprit a l'habitude de rapporter ses pensées et ses jugements ». Il s'agit donc simplement de déterminer une classe de prédicats.

de cet art particulier qu'est le théâtre, et non les qualités qui la caractérisent comme théâtrale.

Toute œuvre destinée à la scène peut être appréciée sous deux points de vue. Comme création d'un artiste, elle relève des *catégories esthétiques*; comme création d'un dramaturge, elle est soumise à certaines exigences proprement dramatiques. Cette distinction rejoint une expérience banale : la qualité dramatique d'une pièce est relativement indépendante de sa valeur artistique ; tel vaudeville ou tel mélodrame possédera la première sans nous faire même penser à la seconde.

Cette qualité théâtrale est naturellement autre chose que le « métier ». Elle se reconnaît à un mouvement qui, même sous des effets un peu gros ou superficiels, signifie la présence d'une véritable force comique ou dramatique et nullement l'art d'utiliser les recettes. Il est difficile de la distinguer du « métier » dans les pièces de Sardou, mais non dans celles d'un Sacha Guitry, du moins dans celles où il ne cherche pas à faire du Sacha Guitry : elle jaillit à l'état pur dans *La Jalousie du barbouillé* ou *Le Médecin volant*.

Les concepts de beau et de laid, les *catégories esthétiques*, conviennent aux formes, formes des choses naturelles, fabriquées ou créées. L'action, comme telle, est utile ou nuisible, libre ou déterminée, gratuite ou intentionnelle, bonne ou mauvaise : elle n'est belle ou laide que par métaphore. Heureuse métaphore, puisqu'elle est le signe d'un rapport réel : la belle action est la bonne action qui mérite une forme et attend son poète ; c'est le bien pénétrant si profondément l'acte qu'il crée un style de vie : quelle qu'elle soit, la perfection appelle un regard artiste. La métaphore, toutefois, rapproche les *catégories esthétiques* des *catégories morales* sans les confondre : les qualités de la forme constituent un autre ordre que les qualités de l'acte.

Le drame est action ; tragique, comique, bouffon, mélodramatique, sont des qualités de l'acte : pas plus que les *caté-*

gories morales, les *catégories dramatiques* ne coïncident avec les *catégories esthétiques*.

I. – L'ÉVÉNEMENT

Les catégories morales qualifient l'acte comme une conduite à suivre ou à ne pas suivre. Quelles que soient les discussions sur la nature de l'obligation, la bonne action est toujours l'action exemplaire, celle qui doit être accomplie. Que signifient les catégories dramatiques ?

Elles se rapportent à *ce qui arrive* : elles qualifient l'action en tant qu'*événement* produisant une *situation*.

*

Devant ce qui arrive ou peut arriver, l'homme éprouve certains sentiments, horreur, amusement, pitié, inquiétude, angoisse, etc. Les catégories dramatiques conviennent non à ces sentiments mais à ce qui les produit ; elles visent non un état du sujet ému mais une propriété de la cause qui émeut. Ce sont des qualités de l'événement, comme les couleurs sont des qualités des choses, et des qualités aussi spontanément « objectivées » que celles des choses. Je frémis en lisant le récit d'un accident de chemin de fer et des scènes déchirantes qui se déroulent : le drame, c'est la série des faits, déraillement, blessures, cris, agonies et, au-delà de la minute présente, vies brisées, familles décimées.

L'événement crée une situation : « un seul être vous manque et tout est dépeuplé ». La situation tient à l'événement comme la mélodie qui chante tout entière dans la dernière note tient à celle qui mourut note à note. Mouvement de la nature ou acte de la volonté, l'événement crée une situation telle que désormais d'autres événements sont possibles ou même nécessaires, tandis que certains tombent dans l'uchronie. Il pleut ;

que de projets bouleversés, depuis la promenade remise
jusqu'à la récolte abîmée, et qui verrait les conséquences de ce
rendez-vous manqué! Pippa passe... Ce n'est qu'une petite
ouvrière : elle passe et les choses sont changées. Sa chanson est
bien simple : « C'est le printemps de l'an et le matin du jour...
Dieu trône dans son ciel. Tout est bien par le monde ! ». Et voici
que tout est mieux dans le monde où Pippa passe : un couple
découvre le secret du bonheur, un misérable cède à la grâce
du remords et de l'expiation. « Je n'ai rien fait aujourd'hui »,
dit Pippa, le soir, en rentrant chez elle. C'est vrai, mais que
de situations nouvelles à la suite de ce mince événement :
Pippa passe[1] !

Evénement et situation sont les deux moments d'un
rythme. Cela signifie que tout se tient dans le temps, que
chaque instant pèse sur le suivant. Cela signifie que tout se
tient dans l'univers, que tout mouvement modifie le monde.
Cela signifie enfin que la communion des saints est l'image
mystique et compensatrice d'une réversibilité qui est sans
doute la plus dure loi de la condition humaine. Je veux le bien,
j'agis selon le bien et pourtant du mal s'ensuit. Je ne suis pas
seulement cause de ce que je fais, mais, indirectement, de ce
qui arrive à cause de ce que je fais. C'est pourquoi il est si
difficile de dire jusqu'où va la responsabilité et à quel moment
la causalité continue toute seule. C'est pourquoi surtout la
bonne intention ne suffit pas pour entrer dans le royaume des
justes : il n'y a point d'intention vraiment bonne sans la vertu
de prudence. Mon acte change la situation de ceux qui
m'entourent et leur cercle peut être immense : un peuple entier
entoure ses chefs; la prudence est un effort pour prévoir à
travers mon acte les situations qu'il changera.

Le « comique de situation » n'est qu'un cas particulier;
toutes les *catégories dramatiques* peuvent être dites « de

1. Robert Browning, *Pippa passes*, a drama, 1841 (Trad. Cazamian, Paris,
Aubier éd.).

situation » : elles qualifient toujours la situation en même temps que l'événement dont elle procède.

*

On parle volontiers d'«un *sentiment* du tragique » ou d'«un *sentiment* du comique » : le mot ne peut avoir le même contenu dans ces expressions et dans celles qui désignent les effets provoqués par le tragique ou le comique : le « *sentiment* du dramatique » ne peut être un sentiment comme l'horreur ou la pitié dont « le dramatique » est le principe. Les psychologues auraient bien dû réserver ce mot pour les modes de la conscience de soi : sensation correspondant à « sentir », sentiment à « se sentir ». Par le sentiment, je sens comment je suis : je me sens content, malheureux, inquiet. Le sentiment est donc un signal intérieur qui indique au sujet comment il se trouve dans telle situation. Tragique, comique ou dramatique qualifie la situation elle-même.

Sentir le tragique, c'est être capable de le reconnaître et de l'affirmer dans ce qui arrive, reconnaissance, et affirmation qui, par leur prétention à l'objectivité, ont une orientation exactement contraire à celle du sentiment.

Les catégories dramatiques désignent les caractères objectifs de l'événement et de la situation. Sans doute faut-il ajouter que ces caractères objectifs sont perçus et affirmés par un sujet, mais indépendamment du rapport de l'événement à ce sujet. J'ai un ami très cher parmi les victimes de l'accident de chemin de fer : j'éprouve des sentiments d'horreur, de pitié, de peine ; leur direction n'est pas celle de l'horreur, de la pitié, de la peine que je ressens lorsque la catastrophe ne me touche pas personnellement. Dans le second cas, mon attitude est uniquement commandée par la force dramatique de l'événement : dans le premier, ce qui m'arrive me frappe plus vivement que ce qui arrive.

A plus forte raison si je suis dans le train qui déraille : ce que j'ai à faire pour moi et pour les autres ne permet pas aux catégories dramatiques de jouer : ma pensée n'est pas disponible.

Si l'admiration au sens cartésien ou étonnement est l'émotion originelle, les catégories dramatiques expriment ce qui nous étonne dans l'événement pris comme tel. Il ne s'agit pas de ce qui dans l'événement me concerne. Au contraire, il est préférable que je ne sois pas moi-même trop complètement engagé dans l'événement pour le juger dramatique, tragique ou comique. Dire « mon drame », c'est déjà « l'objectiver », et, par suite, le poser hors de moi. Mon malheur ne m'apparaît tragique qu'avec la réflexion. Un homme glisse et s'étale sur le trottoir : il rit moins vite que les passants ; il attend d'avoir retrouvé son corps intact ; la vision rétrospective de sa chute peut, seule, lui sembler comique. Les catégories dramatiques ne jouent qu'à la faveur d'un désintéressement spectaculaire.

On répliquera : il ne s'agit pas de ce qui, dans l'événement, me concerne mais de ce qui aurait pu me concerner, je pense à la catastrophe où je serais victime, au déraillement d'un train où se trouverait ma famille. L'explication a deux sens. Ou bien elle signifie un simple va-et-vient égoïste de *moi* à *l'autre*, de telle manière que, prenant la place de *l'autre*, je songe toujours à *moi* : psychologie qui ne dépasse point les plus superficielles boutades de La Rochefoucauld. Ou bien elle signifie la présence active d'un médiateur entre *moi* et *l'autre*, médiateur qui n'est ni *moi* ni *l'autre*, et qui est pourtant *moi* et *l'autre* et *d'autres* encore, parce qu'il est tous les *autres* : une certaine idée concrète de l'homme me permet d'être à la place de l'autre sans prendre sa place.

Le second sens, seul, sauve la complexité d'une vie qui est amour dans son principe. J'aime en chaque homme son humanité. J'aime celui-ci pour moi ; j'aime celui-là pour lui : dans tous ceux que je n'ai aucune raison particulière d'aimer, j'aime ce qui permet de les appeler mes semblables, même quand je cherche vainement la ressemblance. Sans cet amour involontaire et primitif, il n'y aurait aucun intérêt de l'homme pour l'homme, il n'y aurait sans doute aucune communication possible.

Les catégories dramatiques supposent un univers où vit une humanité et dont cette humanité est le centre. Elles ne caractérisent pas l'événement comme utile ou nuisible, c'est-à-dire dans sa relation avec tels ou tels hommes particuliers, avec moi ou avec ce *moi* que j'aime à travers *l'autre* : elles le caractérisent comme événement intéressant l'humanité. Je ne connais personne parmi les victimes du déraillement; la catastrophe n'atteint aucun de ceux que j'aime; mais peu importe qui sont ces malheureux : ce qui rend la situation tragique et capable de m'émouvoir, c'est qu'elle représente un malheur humain. Ce qui se passe dans la lune n'est pas dramatique ni comique, si cela relève uniquement de l'astronomie : il en serait tout autrement dans le cas où l'astrologie serait fondée. Les catégories dramatiques expriment une vision anthropocentrique du monde.

Leur objectivité n'est donc pas celle de la science, mais celle de l'histoire. La science s'intéresse à l'événement sans tenir compte de la situation humaine qu'il crée. Le géologue raconte ce qui arrive à la terre qui tremble et laisse à l'historien le soin de raconter ce qui arrive aux hommes habitant cette terre. L'esprit positif écarte de l'univers toute trace de finalité anthropomorphique : les catégories dramatiques correspondent, au contraire, à la pensée de l'univers en lutte ou en amitié avec l'homme. Le désintéressement spectaculaire qu'elles supposent est donc relatif à l'individu, non à l'espèce : sous un regard totalement indifférent, les choses ne sont que ce qu'elles sont, ni dramatiques ni comiques. Evénements et situations ne retrouvent ces qualités que dans un monde perçu au point de vue de l'homme.

*

La trinité traditionnelle « du Vrai, du Beau, du Bien » manifeste la préférence de l'esprit pour l'éternel ; elle est une invitation à chercher au-dessus du temps les modèles de pensées et d'actes qui se dérouleront dans le temps. Quelle que soit la légitimité de ce vœu ou sa valeur, le fait à retenir est l'intention sous-jacente aux catégories logiques, esthétiques et morales. L'intention propre aux catégories dramatiques est exactement opposée. Celles-ci désignent ce qui nous étonne dans l'événement pris comme tel ; tragique ou bouffon, dramatique ou comique, ces mots qualifient toujours une manière d'arriver ; c'est-à-dire une manière d'exister dans le temps : ils visent la réalité historique dans ce qui la fait historique.

L'homme est le centre d'un monde où il se passe quelque chose : ici des événements où les forces de la nature ont, pour ainsi dire, l'initiative, là, des aventures dont l'homme lui-même semble le maître. Les catégories dramatiques sont les cadres qui nous permettent de penser l'histoire de la nature par rapport à l'histoire de l'humanité et l'histoire des hommes par rapport à l'humanité donnée à chacun d'eux. On parle volontiers comme si tout jugement était d'ordre moral : lorsqu'il n'est pas un juge, l'historien ne serait qu'un greffier rédigeant un procès-verbal. L'indifférence absolue n'est nullement la forme parfaite de l'impartialité ; quelle que soit l'appréciation portée sur la conduite de Danton ou de Marie-Antoinette, il n'y a aucune raison de méconnaître la grandeur dramatique de leur destin, ce qui exprime simplement une vision humaine de leur vie et de leur mort. Les catégories dramatiques représentent, au sens où les peintres prennent ce mot, des valeurs historiques.

Leur étude ne relève ni de l'esthétique ni de la psychologie affective ; elle constitue un secteur particulier de l'anthropologie : la description de l'homme devant l'histoire. Secteur très important, puisque je suis à chaque instant devant l'histoire, devant la mienne d'abord et devant celle de ma famille, de mes amis, de mes clients, puis, à la limite, devant celle dont les historiens parleront. Les catégories dramatiques sont une forme de la pensée normale et quotidienne.

Elles n'appartiennent donc pas à la seule psychologie du spectateur au spectacle. Le drame est dans le monde avant d'être au théâtre. La comédie aussi naturellement. Le théâtre ne fait pas appel à des sentiments qu'il aurait le privilège de créer : il porte à la scène des événements et des situations destinés à toucher l'homme de tous les jours comme les événements et les situations de l'histoire. Il ne crée pas les catégories dramatiques : il en joue[1].

1. C'est pourquoi nous n'esquissons pas ici une étude du tragique ou du comique ou des diverses catégories dramatiques. Si celles-ci qualifient l'événement et l'historique, leur analyse relève d'une étude portant non sur l'essence du théâtre mais sur l'homme devant l'événement et sur l'événement lui-même. Une analyse de type phénoménologique décrira l'homme subissant et pensant l'événement; puis, de la phénoménologie, il faudra bien passer à la métaphysique de l'événement. Tragique, dramatique, bouffon, comique, ne désignent pas des réactions psychologiques universelles comme des réflexes : qualifiant ce qui arrive dans le monde, elles n'ont un sens achevé qu'à l'intérieur d'une vision de ce monde et ce sens change selon la manière dont chacun voit ce monde. Il n'est pas sûr qu'il y ait encore du tragique dans une métaphysique de l'immanence ou, du moins, ce ne sera pas le même tragique que dans une métaphysique de la transcendance. Un certain comique est toujours lié à un système de valeurs morales. La notion de tragi-comédie met en cause le sens de la vie et de sa destinée. Le théâtre est, en quelque sorte, un terrain d'expérience pour les catégories dramatiques. C'est pourquoi il est un fait d'une portée métaphysique qui ne peut être exagérée. Le théâtre est comme la vie elle-même un point de départ pour la réflexion philosophique.

Parmi les philosophes français contemporains, M. Gabriel Marcel, métaphysicien et auteur dramatique, est évidemment celui qui est le mieux placé pour sentir la valeur métaphysique du théâtre et la portée métaphysique de toute étude sur les catégories dramatiques. Voir notamment : « Tragique et personnalité » dans *La Nouvelle Revue française* du 1er juillet 1924 et « Note sur l'évaluation tragique » dans le *Journal de psychologie*, janvier 1926.

A cette question se rattache celle des divers genres dramatiques, tragédie, comédie, drame, etc.... fort bien présentée par P. A. Touchard, *Dionysos...*, chap. II à v.

II. – LA « THÉATRALISATION » DES ARTS
ET LA QUERELLE DE L'ART PUR

Les catégories dramatiques ont pour expression artistique immédiate le théâtre; mais liées à l'événement, elles jouent dans toutes les expressions artistiques de l'événement.

Le théâtre est l'art dramatique par excellence, celui qui n'a jamais le droit de ne pas être dramatique. Représentation de l'événement, il ne raconte pas ce qui arrive : la scène est un monde où il se passe quelque chose; il ne suggère pas dans une image immobile un geste ou une action : il est scène et acte. La présence du drame ne peut être que dramatique. Mais, avant de qualifier le théâtre, les catégories dramatiques qualifient l'historique et, dans la mesure où ils sont création d'une histoire, les autres arts relèvent d'elles : il y a une musique dramatique, des dessins comiques, des danses bouffonnes, une peinture et une sculpture mélodramatiques, des poèmes tragiques.

Cette théâtralisation se fait naturellement sur la scène. Ne parlons même pas de la langue : il est normal que tous les langages deviennent expression dramatique au service du drame, que le drame musical soit une musique dramatique, qu'un « ballet d'action » soit la danse animée par un jeu dramatique. Mais cette théâtralisation se poursuit hors du théâtre et d'abord là où il y a récit : lied, chanson, symphonie à programme, épopée, fresque, bas-relief. Enfin, il y a des moments où l'émotion dramatique ne procède d'aucun drame précis : telle phrase d'une sonate qui pourtant ne nous raconte rien, tel mouvement d'un corps de pierre ou de bronze que nul rôle ne mêle à une anecdote; il y a des paysages tragiques et d'autres qui semblent attendre la comédie.

Le programme de recherches tracé dans cette note a fait l'objet d'un autre ouvrage : *Le Théâtre et l'Existence*, Paris, Aubier, 1952, 2ᵉéd. 1963 ; réimpr. Paris, Vrin.

La théâtralisation des arts ne s'explique pas nécessairement par le souvenir d'une ancienne participation aux jeux de la scène. La peinture ne peut même être vraiment dramatique qu'en dehors du théâtre : l'artiste peint les décors d'une action, non cette action ; tout au plus trouvera-t-il sur le rideau une place pour des images animées ; mais le rideau se lève quand la pièce commence et les personnages réels ne supportent à côté d'eux des personnages peints qu'à la faveur d'une mise en scène humoristique. La théâtralisation des arts est moins la trace d'une collaboration passée que la volonté d'imiter le théâtre. Emile Mâle a montré ce que l'art du XVe siècle devait aux tableaux vivants des mystères ; peintres, verriers et sculpteurs n'oubliaient pas ces représentations auxquelles ils assistaient et souvent auxquelles ils étaient associés comme décorateurs ou comme acteurs. « On peut dire de plusieurs scènes nouvelles, qui entrent alors dans l'art plastique, qu'elles ont été jouées avant d'être peintes ». On peut dire surtout que, jouées avant d'être peintes ou sculptées, les scènes de l'iconographie traditionnelle expriment une nouvelle vision du drame chrétien [1].

*

Il y a une invasion théâtrale au sens très précis où Henri Bremond parlait d'un invasion mystique. Ne serait-ce pas la cause des discussions relatives à la « pureté » des arts ?

En jetant négligemment les mots de poésie pure dans ma préface à *La Connaissance de la Déesse*, disait Paul Valéry,

> je n'avais entendu faire allusion qu'à la poésie, qui résulterait, par une sorte d'exhaustion, de la suppression progressive des éléments prosaïques d'un poème. Entendons par éléments prosaïques tout ce qui peut, sans *dommage*, être dit

---

1. Emile Mâle, *L'Art religieux en France à la fin du Moyen Age*, Paris, Armand Colin, 1925, 1re partie, chap. II.

en prose; tout ce qui, histoire, légende, anecdote, moralité, voire philosophie, existe par soi-même sans le concours nécessaire du chant[1].

Parmi les cinq éléments impurs, les trois premiers font jouer directement les catégories dramatiques et les deux autres se glissent le plus souvent à la faveur de leurs épisodes; il est rare, en effet, que la morale et la philosophie se présentent dans un poème sous forme démonstrative ou didactique; à plus forte raison, si elles se définissent des méditations sur le monde comme comédie ou sur la destinée comme tragédie.

Debussy écrivait un jour de la musique de Rameau : elle

aurait dû nous garder de la grandiloquence menteuse d'un Gluck, de la métaphysique cabotine d'un Wagner, de la fausse mysticité du vieil ange belge[2].

Ce n'est sans doute pas par hasard que Debussy écarte d'abord les deux maîtres dont l'œuvre et la pensée représentent de véritables renaissances dans l'histoire de la musique de théâtre. Quant à la mysticité de César Franck, il suffira de rappeler *Rédemption* et *Les Béatitudes* pour deviner les raisons de sa «fausseté», peu différentes certainement de celles qui condamnent les dramaturges. De même, que dit M. Vladimir Jankélévitch pour exprimer la pureté du langage fauréen? «Aucun art n'a été mieux que celui-là dégagé de toute littérature, aucun musicien n'a eu la *carte postale* en plus sainte horreur»; mais «littérature» et «carte postale» ne sont que des références pittoresques. «Si les mots *musique pure* ont un sens, c'est bien à Gabriel Fauré qu'ils s'appliquent, à ce

1. Frédéric Lefèvre, *Entretiens avec Paul Valéry*, Paris, Le livre, 1926, p. 65-66. Cf. Avant-propos à *La Connaissance de la Déesse*, 1920, reproduit dans *Variété*, I, p. 98-101.

2. Lettre à Louis Laloy, citée par ce dernier dans *La Musique retrouvée*, p. 161.

musicien aussi éloigné de la narration que du drame » [1]. Cette fois, le problème est nettement posé : « narration » et « drame », voilà bien la source de l'impureté capitale. En citant Beethoven comme exemple d'« art impur » l'exégète de Fauré et de Ravel choisit le musicien qui avait la tête dramatique comme d'autres ont la tête épique :

> Nous avons ses aveux, répétés avec force, nous avons le témoignage de Schindler qui nous révèle l'existence des petits plans, sortes de canevas dramatiques servant de guide et d'excitant à la faculté créatrice de Beethoven.

M. Paul Loyonnet précise : « Une contre-épreuve est la médiocrité même de certaines compositions, lorsqu'aucun tissu dramatique n'a guidé la plume de notre compositeur » [2].

L'impureté tient à ce que M. Jankélévitch appelle « la manie d'exprimer » [3]. Le problème de la peinture pure est d'abord celui du sujet. Jean Cocteau a dit comment la logique de la pureté éliminait le sujet :

> La vie d'un tableau est indépendante de celle qu'il imite. Nous pouvons dès lors admettre un arrangement de lignes vivantes et ce qui motive ces lignes cessant de jouer le premier rôle pour ne devenir que leur prétexte. De ce stade à concevoir la disparition du prétexte, il ne reste qu'un pas à franchir. La fin devenue moyen, voilà le coup d'audace, le plus vif de l'histoire de la peinture, auquel nous assistâmes en 1912. Enlever l'échafaudage autour d'une bouteille ou d'une dame peintes était la haute pudeur d'un artiste. Picasso pousse la pudeur jusqu'à considérer dame ou bouteille comme l'échafaudage qui lui permit sa construction.

1. V. Jankélévitch, *Gabriel Fauré et ses mélodies*, Paris, Plon, 1938, p. 237-238.

2. Paul Loyonnet, « Etude sur la formation de la langue musicale de Beethoven » dans *Deuxième Congrès d'Esthétique...*, t. II, p. 248.

3. V. Jankélévitch, *Fauré...*, *op. cit.*, p. 237.

> Il les fait disparaître à leur tour. Que reste-t-il ? Un tableau.
> Ce tableau n'est plus rien d'autre qu'un tableau [1].

Que l'émotion dramatique disparaisse avec « le tableau représentatif », c'est le signe même de la délivrance : « Le théâtre corrompt tout » [2].

Même le ballet, car il y a un ballet dont l'essence est d'être purement danse, « danse pure comme il y a de la musique pure, comme nos peintres surtout depuis Cézanne, s'adonnent à la peinture pure, comme Henri Bremond célèbre la poésie pure… ». Ici encore, l'impureté la plus tenace est la présence de l'action dramatique qui ajoute à la danse une pantomime souvent encombrante. Au ballet « racontant une histoire et jouant un drame à la muette », M. Maurice Brillant oppose et préfère

> le poème chorégraphique qui est danse tout uniment, combinaison harmonieuse et neuve de pas et d'ensembles, comme une symphonie sans programme combine des accords, des phrases et des timbres, se développe musicalement et non point à la façon d'un discours littéraire [3].

Un historien de la musique définissait ainsi la *musicalité* :

> Dans son acception la plus générale, ce terme désigne évidemment un ensemble de caractères qui sont de nature exclusivement musicale et sans aucune relation avec autre chose que la musique. La musicalité s'oppose à l'*expression*, qui est au contraire le rapport de la musique avec un *sujet*.

Plus précisément, c'est « l'habileté et l'aisance dans l'emploi des procédés artistiques spéciaux à la musique », procédés qui combinent « des rapports formels entre des éléments

---

1. Jean Cocteau, « Picasso », dans *Le Rappel à l'ordre*, 8e édition, Paris, Stock, 1928, p. 276-277.

2. Jean Cocteau, « Le Coq et l'Arlequin », *ibidem*, p. 41.

3. Maurice Brillant, préface à *Le Masque et l'Encensoir*, p. 41-43.

sonores, sans aucune considération extra-musicale ». M. Paul-Marie Masson ajoute :

> Une notion analogue, sinon un mot semblable, se retrouve dans les autres arts. C'est ainsi qu'on pourrait parler de *picturalité* et de *sculpturalité* pour désigner les qualités de réalisation et de stylisation qui sont propres à la peinture et à la sculpture. On pourrait même proposer le terme générique d'*artialité* pour dénommer cette élaboration proprement artistique, qui, dans chacun des arts, distingue de l'expression, et que l'on prétend parfois isoler sous forme d'art pur [1].

Artialité a peu de chances d'être accepté car le terme générique existe déjà : μουσικός qui concerne les Muses, toutes les Muses. Delacroix a écrit une page célèbre sur la « musique du tableau » [2]. Le poète qui demande « de la musique avant toute chose » ne se contenterait pas de vagues harmonies imitatives : la musique des mots n'est pas celle des notes mais ce qu'il y a de plus poétique dans la poésie. Lorsque M. Jacques Copeau veut donner un nom à l'unité essentielle du drame, il l'appelle « musique » [3]. Paul Valéry reconnaît même des « édifices qui chantent » [4].

A cette « musique », M. Paul-Marie Masson oppose très justement les exigences d'un sujet à exprimer. Celui-ci introduit dans l'œuvre un principe d'intérêt non esthétique, permettant de la considérer au point de vue de la ressemblance

---

1. Paul-Marie Masson, « La Notion de musicalité », dans *Deuxième congrès d'Esthétique…*, t. II, p. 227 et p. 231.

2. Eugène Delacroix, « Réalisme et Idéalisme », dans *Œuvres littéraires*, t. I, Paris, Crés, 1923, p. 63 : « Il y a un genre d'émotion qui est particulier à la peinture… Il y a une impression qui résulte de tel arrangement de couleurs, de lumières, d'ombres, etc… C'est ce qu'on appellerait la musique du tableau. Avant même de savoir ce que le tableau représente, vous entrez dans une cathédrale, et vous vous trouvez placé à une distance trop grande du tableau pour savoir ce qu'il représente, et souvent vous êtes pris par cet accord magique… ».

3. J. Copeau, art. cit., *La Revue générale*, Bruxelles, 15 avril 1926, p. 415.

4. P. Valéry, *Eupalinos ou l'Architecte*, p. 106.

et au point de vue de l'action. Le premier intérêt est indépendant du second : des poires dans un compotier ne sont ni tragiques ni comiques. Mais tous les arts ne sont pas arts d'imitation au sens usuel de ces mots et l'on admettra que les sujets humains constituent le principal répertoire des artistes. Le problème de l'art pur signifie surtout un conflit entre la tentation dramatique et la « musique » qui est une espèce de liberté.

*

La contamination des divers arts par le dramatique est un fait. A quel moment cette contamination devient-elle un danger, telle est la question. La distinction de la « musique » et de l'action, des catégories esthétiques et des catégories dramatiques ne permet certes pas de la résoudre, mais de la poser avec précision et de situer la difficulté. Si les catégories dramatiques ne sont pas exclusivement théâtrales, si elles sont des formes de la pensée quotidienne et s'appliquent naturellement à la vision humaine de l'événement, on comprend que la « purification » de l'art appelle à la fois les vertus de l'ascète et les prouesses de l'équilibriste. Il ne s'agit pas seulement d'exclure les effets de théâtre et de préserver la peinture ou la musique de ce qui fait le mauvais théâtre. Il ne faut pas davantage croire que l'on échappe aux catégories dramatiques en fuyant le pathétique : leur gamme n'est pas limitée aux couleurs sombres ou aux sentiments criards ; M. Roland-Manuel a joliment montré comment la musique de Ravel restait de théâtre en évitant « les véhémences du drame » à la faveur de la comédie qui juge les passions et de la féerie qui les délivre de l'humain[1]. Purifier l'art, c'est à la limite, procéder à ce « nettoyage féroce »[2] qui conduit logiquement à la sépara-

---

1. Roland-Manuel, *Maurice Ravel et son œuvre dramatique*, p. 46.
2. Jacques Maritain, « La Clef des chants » dans *La Nouvelle revue française*, 1er mai 1935, p. 700. Voir sa critique de « l'art pur » dans « Frontières

tion de l'homme et de l'artiste. C'est pourquoi l'art pur est toujours une aventure, avec le double risque de n'aboutir qu'à la pureté du jeu ou à celle des exercices de virtuosité.

De là l'importance philosophique des compromis, mot qui évoque ici non un opportunisme de style politicien mais la vie elle-même, car la vie n'est peut-être qu'un compromis avec la mort. Une première forme de compromis est celle que propose Paul Valéry en considérant l'art pur « comme une limite à laquelle on peut tendre et qu'il est presque impossible de rejoindre dans un poème plus long qu'un vers »[1]. Une autre est celle qui, selon le mot de Cézanne, substitue le *motif* au sujet[2] ou, comme Maurice Denis aime à le répéter, « l'expression par la matière employée» à «l'expression par le sujet»: au tableau dont «le sujet incite au prosternement» s'oppose l'œuvre qui émeut immédiatement par sa «musique», et, si cette émotion s'épanouit en prière, c'est que la beauté ouvre l'âme ravie à l'inspiration religieuse qui prit forme dans un symbole[3].

Une réflexion sur les catégories dramatiques ne permet pas de choisir entre ces deux réponses. La première est une sorte de stoïcisme esthétique et risque d'être aussi émouvante que celui des stoïciens; elle représente la conquête de l'art pur comme un effort toujours renouvelé pour s'élever au-dessus de l'humanité troublante; dans le cas de l'artiste qui n'est ni un calculateur ni un jongleur, elle produit un déplacement du drame qui n'apparaît plus dans l'œuvre mais dans l'ouvrier: il y a le drame de l'artiste pour surmonter le drame. La seconde propose moins l'élimination qu'une transfiguration du sujet: M. Maurice Denis reprend le mot, appelant « sujet intérieur »

---

de la poésie », recueilli dans *Art et Scolastique*, 2ᵉ édition revue et augmentée, Paris, Louis Rouart, 1927, p. 147 *sq.*

1. F. Lefèvre, *Entretiens avec P. Valéry*, p. 66.

2. Cité par Maurice Denis, *Théories*, p. 252-253. Voir : Klingsor, *Cézanne*, Paris, Rieder, 1928, p. 41.

3. Maurice Denis, *Théories*, p. 23, 27, 40-42, 78.

ce que Delacroix nommait « musique du tableau »[1] ; l'artiste ne raconte pas une histoire ou plutôt l'histoire qu'il raconte n'a pas sa fin en elle-même ; toutefois il reste un homme, mais dont les pensées jaillissent en notes, en formes, en couleurs, en rythmes, et ne se trouvent pleinement exprimées qu'en respectant les exigences propres à son langage, sa grammaire, sa correction, peut-être sa pudeur.

L'art ne se débarrasse pas facilement des catégories dramatiques.

III. – LA « THÉATRALISATION » DES ARTS
ET LE PROBLÈME DE L'ART POPULAIRE

Une distinction précise entre catégories esthétiques et catégories dramatiques éclaire peut-être les diverses questions relatives au public et à ses goûts. Le problème-type est celui de l'art et du peuple.

Ecartons la solution par « l'art populaire » : cette formule et toutes ses variantes, théâtre pour le peuple, etc. recouvrent un non-sens absolu : elles ne peuvent que provoquer un gaspillage de générosité et même de talent au profit de tentatives condamnées à un échec à peu près certain. Cela ne veut nullement dire qu'il n'y a pas une question mais qu'elle est mal posée et, par suite, trop vite résolue si l'on se contente de réclamer pour l'art une orientation ou une intention « populaire ».

Même s'il exprime inconsciemment les aspirations d'une classe, l'art n'est jamais *pour* une classe. Même si elle est

---

1. Maurice Denis, *Charmes et leçons de l'Italie*, Paris, Colin, 1933, p. 165 : « Il faut s'entendre sur le sens du mot sujet. Il y a le sujet extérieur, le sujet dogmatique qui exige du spectateur des connaissances historiques, allégoriques, religieuses. Mais dans une véritable œuvre d'art, ce sujet est doublé d'un autre sujet qui parle aux yeux de tout homme doué de sensibilité et d'intelligence ; appelons-le le sujet intérieur, le sujet subjectif, si vous voulez ». Cf. *Théories*, p. 79.

explicitement destinée à certains hommes, l'œuvre faite *pour* eux n'existe pas *pour* eux. Admettons que Michelet soit le porte-voix du peuple : la beauté de sa prose tient à des qualités qui s'énoncent sans aucune référence au peuple. Les fresques d'Angelico à Saint-Marc ne sont pas *pour* les chrétiens, bien qu'elles aient été peintes pour accompagner la prière des moines. Les intentions de l'auteur intéressent l'historien qui décrit la naissance de l'œuvre d'art : mais, dès qu'elle existe, elle existe pour elle-même, elle existe pour tous et existerait aussi bien contre tous.

*

Des auditoires sans culture musicale écoutent une symphonie de Beethoven et goûtent une mélodie de Schubert.

Il est douteux que ce même public se passionne pour la Symphonie de Paul Dukas.

On conçoit mal un esprit admirant à la fois cette symphonie de Dukas et le *Credo du paysan* : on en trouverait beaucoup qui, dans le premier public, reconnaîtront volontiers en Beethoven ou en Schubert « de la grande musique » et, en même temps, aimeront des airs d'une parfaite vulgarité ; le fait d'avoir goûté Beethoven ou Schubert ne les empêche nullement d'écouter avec délectation la romance de Goublier.

Ces trois faits, réels ou supposés, contiennent sans doute tous les termes de la question et de telle manière que les solutions simplistes sont immédiatement éliminées.

Une œuvre n'est pas supérieure à une autre parce qu'elle est accessible à tous. Sa supériorité esthétique devrait alors être prouvée par un appel à des sentiments dont la nature esthétique n'est même pas assurée : si je dis « c'est beau » et devant *Les Croisés* de Delacroix et devant *Le Rêve* de Detaille, il est bien imprudent de me convier à un plébiscite artistique. En 1929, M. Jacques Rouché a consulté les abonnés de l'Opéra sur leurs préférences ; l'un d'eux écrivit, après avoir choisi neuf titres : « Pour le dixième ouvrage, j'hésite entre *Paillasse* et *Don Juan* »[1]. Que Wagner ait remporté la palme et que *L'heure espagnole* arrive en tête des œuvres modernes, cela ne prouve absolument rien en faveur des lauréats, si les raisons de chaque vote sont inconnues.

Une œuvre n'est pas inférieure à une autre parce qu'elle est accessible à tous.

> Il n'y a pas besoin d'être musicien pour aimer Beethoven, écrit M. Jankélévitch, et même, tout compte fait, il est préférable de ne l'être point, tant cet art est impur, encombré d'humanité, de sociologie et de métaphysique, tant il est de plain-pied avec la vie »[2].

La remarque n'est qu'en partie juste, car il est possible d'aimer Beethoven en musicien, puisque à côté des « impuretés » il y a aussi sa musique. Et il y a l'art qui s'amuse, qui a l'air d'être facile, qui affecte de ne pas cacher son jeu : *Véronique* était un des grands succès de la Gaîté lyrique où bien peu se souciaient de la science d'André Messager.

Une œuvre n'est pas supérieure à une autre parce qu'elle s'adresse à un amateur éclairé. Elle peut n'être qu'une réussite de virtuose ou une victoire de technicien : esthétique et esthète ne sont pas toujours sans rapports. L'actualité artistique vit d'œuvres « intéressantes » : le chef-d'œuvre n'est pas « intéressant ». L'admiration est d'un autre ordre que le plaisir du « connaisseur ». Ce qui ne veut pas dire que certains chefs-d'œuvre n'appellent pas une admiration de « connaisseur » mais que la connaissance crée simplement un milieu propice à l'admiration : l'impression produite par la beauté est distincte, en nature, de la jouissance qui pourtant la rend possible.

Certaines œuvres sont immédiatement populaires; d'autres n'atteindront jamais « le » ni même un « grand public ».

---

1. René Dumesnil, *La Musique contemporaine en France*, Paris, Collection Armand Colin, 1930, t. II, p. 209.

2. V. Jankélévitch, *Gabriel Fauré et ses mélodies*, p. 249.

Pourquoi ? Ce n'est certainement pas dans une hiérarchie esthétique qu'est le principe de la réponse : n'apparaît-il pas lorsque intervient l'ordre des catégories dramatiques ?

*

Ce qui est commun à tous les hommes, c'est l'humanité et, avec elle, les catégories à travers lesquelles se déploie leur vision dramatique du monde. Ce qui ne réclame aucune culture spéciale, c'est notre manière de penser l'événement, de saisir ce qui arrive comme drôle ou tragique. Les œuvres accessibles au plus grand nombre ne seraient-elles pas celles où les éléments dramatiques sont au premier plan ?

Il n'est pas nécessaire d'« avoir fait ses études » pour lire *Les pauvres gens* ni même pour aimer la poésie la plus authentique de Victor Hugo. Que la *Sérénade* de Schubert fasse le tour des cinémas et elle conquiert tous les cœurs. La valse de Strauss attendrit le « poulailler ». Dès qu'elle émeut les catégories dramatiques, il n'y a plus de distance entre l'œuvre et le public. Aucune culture spéciale n'est requise, ce qui ne veut pas dire que la sensibilité dramatique soit indépendante de toute culture : elle est, comme toute sensibilité, plus ou moins affinée, plus ou moins raffinée. Le propre d'une vraie culture est de rendre l'esprit capable de percevoir les nuances comiques et de découvrir la profondeur tragique de l'événement, de le préserver contre les effets d'une sentimentalité facile ou de la grandiloquence théâtrale. Mais une telle culture n'est pas strictement scolaire et l'expérience peut conduire directement une âme bien née à cette intelligence de l'humanité qui est la fin des « humanités ».

L'œuvre d'art est dans chaque esprit le principe d'un sentiment complexe ; les composantes ne sont pas toutes d'ordre esthétique : la résultante est très souvent d'une nature presque exclusivement dramatique. Ce qui arrête devant le tableau, ce qui plaît dans la mélodie, ce qui pousse vers le livre, c'est le motif humain qui amuse ou qui émeut. Cela est vrai du Grec qui écoutait l'aède, comme du peuple fidèle qui voyait bâtir les cathédrales, comme du parterre qui applaudissait Molière. L'homme s'est toujours intéressé à l'humain et l'artiste, à l'art; à aucune époque, la majorité des hommes ne peut être appelée artiste. Cela est l'énoncé d'un fait, non d'une théorie de l'art qui serait dite « aristocratique ».

Il y a, en gros, trois types d'œuvres. Les unes n'ont qu'un intérêt dramatique; les autres ont à la fois un intérêt dramatique et une perfection esthétique; les troisièmes n'ont, à la limite, qu'un intérêt et une perfection esthétiques. Detaille, Delacroix, Picasso. Devant le tableau chacun réagit à sa façon : l'art y trouve plus ou moins son compte.

Ces hypothèses écartent évidemment l'image flatteuse du « peuple » au cœur naturellement et mystérieusement accordé à la beauté. Mais elles ne signifient pas davantage que le public non prévenu s'intéresse aux chefs-d'œuvre uniquement pour des raisons extérieures à l'art. Nous croyons constater qu'un esprit sans formation artistique s'arrête devant un tableau ou une statue sous l'action d'un certain attrait dramatique : ajoutons qu'à la faveur de cette séduction préliminaire et sans cesser de la subir il pressent et aime, plus ou moins confusément, selon ses dons et ses dispositions, là beauté elle-même. Cette suggestion pourrait commander une pédagogie : l'éducation esthétique commencerait par profiter de l'intérêt dramatique des chefs-d'œuvre, c'est-à-dire, si l'on se reporte à la distinction précédente, en choisissant ses exemples parmi les chefs-d'œuvre du second groupe.

L'art ne serait donc « aristocratique » que dans la mesure où il exige une initiation; le mot « aristocratique » n'aurait alors aucun sens social et probablement ne signifierait plus rien : faudrait-il appeler « aristocratique » tout ce qui s'enseigne? L'art n'est pas plus « aristocratique » que les mathématiques ou la philosophie. Il l'est même beaucoup moins : ici, le plus haut n'est pas toujours le plus lointain ; les mathématiques amusantes et la philosophie romancée ne conduisent pas très loin : l'intérêt dramatique de Roger Van der Weyden coïncide avec la perfection esthétique.

CHAPITRE IX

THÉÂTRE ET RELIGION. I

Dans toutes les sociétés, semble-t-il, le prêtre est le premier acteur; avant même qu'il y ait théâtre, la solennité religieuse est une espèce de représentation: c'est dans l'accomplissement des rites que le théâtre prend forme. Né pour la gloire des dieux, il grandira ensuite pour la joie des hommes[1]. Ainsi, en Occident, la tragédie grecque se détache lentement du chœur qui chante et danse pour Dionysos. Autour de l'autel où se joue la messe, le drame liturgique grandit en même temps que l'église romane: il se déroule dans la nef puis sur le parvis où il deviendra mistère.

D'origine religieuse, le théâtre serait-il d'essence religieuse?

Un bon point de départ est offert dans un entretien de Firmin Gémier avec M. Charles Méré: on y trouvera les deux idées simples qui définissent couramment le théâtre comme religieux[2].

---

1. Cf. Baty et Chavance, *Vie de l'art théâtral*, p. 17; voir, pour « Théâtre et Religion », la bibliographie des chapitres I, II, III et IV.

2. F. Gémier, *Le Théâtre, Entretiens…*, chap. Iᵉʳ, « La Religion du théâtre ».

« C'est un fait historique, déclare Gémier, l'art dramatique ne fut jamais mieux inspiré que lorsqu'il servit une croyance ». C'est donc que sa vocation est de servir une croyance. Lorsque le culte des dieux ou de Dieu disparaît, celui de l'humanité le remplace.

> Il y a, dans chaque Etat moderne, de très fortes aspirations morales, communes à tous les citoyens. C'est là ce que j'appelle notre *credo civil...* notre religion laïque.

La justice, la fraternité, l'amour de la paix, le respect de la liberté, tels sont les « dogmes » de la société moderne et, du même coup, les principes « d'un art vivant qui dirigerait les élans généreux des peuples ».

> De plus, le théâtre, comme un sanctuaire, accueille l'assem-blée des fidèles. Leur plaisir se multiplie d'être partagé. Entre tous s'établit, par l'enthousiasme que déchaîne le génie dramatique, une sympathie fraternelle qui pénètre chaque auditeur. Nierez-vous que ce ne soit une sorte de communion religieuse ?

La représentation crée par elle-même une âme collective, celle des fidèles qui reconnaissent dans le mistère une histoire sainte, celle du parterre qui apprend de Molière la sociabilité, celle des citoyens qui saluent en Beaumarchais l'apôtre de l'égalité.

Expression d'une foi, principe de communion, le théâtre est bien d'essence religieuse, « si *religieux* signifie étymolo-giquement ce qui *relie* ».

Et cela, quel que soit le sujet, qu'il y ait tragédie ou comé-die, qu'il s'agisse d'une *Passion* ou du *Mariage de Figaro* : c'est l'essence et non le contenu qui fait du théâtre un art sacré. Le vaudeville le plus obscène participe à l'essence religieuse du théâtre si une signification religieuse est inscrite dans la nature de cet art.

Le théâtre ne serait donc vraiment lui-même qu'en restant fidèle à sa mission originelle. Servir un idéal social, réunir pour unir, telle serait sa double fonction qui pose aussi une double question.

I. – DE L'ART RELIGIEUX

Le service d'une foi ne pose pas un problème propre au théâtre, mais celui de l'art militant.

Le problème est simple, si l'on commence par le bien poser, c'est-à-dire en refusant l'alternative : « l'art pour l'art » ou « l'art pour autre chose que l'art ». Le mot *pour* est, en effet, un nid d'équivoques.

Si *pour* désigne une intention de l'art, ce n'est pas une intention psychologique, puisque l'art n'est pas un sujet doué de conscience, mais la direction qui définit l'activité esthétique. Or, en ce sens, l'intention de l'art ne peut être que de produire une œuvre belle, si nous appelons beauté cette perfection de la chose créée qui n'est ni la vérité d'une pensée, ni la moralité d'un acte, ni l'utilité d'un objet fabriqué. L'expression « l'art pour l'art » traduit très inexactement cette gratuité : prise à la lettre, elle signifie que l'art trouve sa fin dans son propre exercice, que le peintre peint pour peindre, comme si le tableau n'était qu'un moyen ou un prétexte. C'est confondre l'art avec le sport. La réussite esthétique n'a rien de commun avec celle du tireur qui fait mouche à tous les coups. Produire une œuvre, c'est prendre pour fin non la production mais la perfection de cette œuvre. Autant dire alors : « l'art pour la beauté ».

Si *pour* désigne une intention psychologique, celle-ci doit être rapportée à une personne et la formule devient : « l'artiste pour l'art ». Or l'artiste est un homme et, s'il vit pour l'art, ce sera avec toutes ses aspirations d'homme. On peut, à la rigueur, croire que le savant chrétien laisse son christianisme à la porte du laboratoire : qui supposerait que le peintre chrétien doive ou puisse laisser son christianisme à la porte de son atelier ? L'artiste exprime le monde tel qu'il le voit et sa vision du monde est celle d'un artiste qui est aussi fils, père, amant, citoyen, Français, chrétien, athée, panthéiste, malade, etc. Se demander s'il doit, par système, bannir les préoccupations extra-esthétiques auxquelles toute âme est exposée, c'est le type du faux problème. Personne ne songe à écrire sur la porte de la maison d'Eschyle, de Bach ou de Rembrandt : nul n'entre ici s'il n'a coupé tous les liens avec les hommes, les idées et les dieux. Ces liens existent, noués dans l'intimité la plus mystérieuse de l'esprit d'où jaillit l'inspiration.

Le poète crée une œuvre qu'il veut belle et il crée avec toute son âme. Que certains artistes soient peu sensibles aux misères et aux joies de l'existence, cela signifie qu'ils sont moins humains, non qu'ils sont plus artistes. Que d'autres s'appliquent à les refouler pour préserver la « pureté » de leur art, cela prouve que leur esthétique leur tient lieu d'éthique. L'artiste demeure toujours un homme : en dépouillant le vieil homme, il ne deviendra pas un pur artiste, mais un autre homme. Delacroix vit presque exclusivement pour son art parce que son art est en lui presque tout, parce que la « lutte avec l'ange » est sagesse.

Ainsi, ce ne sont pas les bons sentiments, ni même les mauvais, qui font la bonne littérature ; l'actualité pas plus que l'antiquité ne représentent des valeurs esthétiques ; la vérité ou la mode ne sont jamais que leur accompagnement : « l'art pour le beau » impose l'évidence de sa gratuité. Mais, d'un autre côté, « l'artiste pour l'art » signifie que jamais l'homme n'est expulsé de l'art et ce serait bien souvent une simple manière de ne pas dire : « l'art pour l'homme ».

Entre ces deux formules, « l'art pour le beau » et « l'artiste pour l'art », « l'art pour l'art » n'a sans doute plus aucun sens ; avec cette idée confuse disparaît l'alternative opposant la gratuité de l'art aux exigences d'une vie et d'une pensée qui ne peuvent être gratuites.

*

D'abord, c'est le beau qui est gratuit par essence et non l'art. Il y a des arts qui ne sont pas gratuits. En architecture, la gratuité du beau s'accommode du voisinage de fins qui relèvent de la plus tyrannique utilité. Certains genres littéraires ont une fonction sociale sans cesser d'appartenir à la littérature : ils démontrent, persuadent, condamnent. Bossuet ne composait pas ses sermons pour le seul plaisir de ses auditeurs. Victor Hugo trahissait-il la poésie en écrivant *Les Châtiments* ? Ainsi, du fait qu'il n'est pas lui-même gratuit, l'art ne perd pas sa capacité de produire de la beauté gratuite. Inversement, du fait qu'il est art en produisant de la beauté gratuite, il ne perd pas tout droit à rendre service.

Ce qui est possible dans le cas de l'architecture et de l'art oratoire le sera, du même coup, dans tous les arts : leur exemple prouve qu'il n'y a pas incompatibilité radicale entre la gratuité du beau et la présence de fins utilitaires ou apologétiques. Mais il comporte aussi un autre enseignement : puisque leur caractère propre est d'être utilitaires ou apologétiques, ils ne peuvent servir de modèles aux arts qui justement n'ont point, par nature, ce caractère. Une gare doit être une gare avant d'être une belle construction et un sermon, un bon sermon avant d'être un beau sermon : leur insuffisance esthétique ne compromet pas leur raison d'être. Au contraire, même si elle enthousiasme les citoyens, une statue de l'Agriculture qui n'est pas belle perd toute raison d'exister et d'encombrer la place publique.

L'art édifiant et militant doit son origine à une imitation abusive des arts qui ont une fonction utilitaire ou apologétique : il généralise une formule qui précisément repousse toute généralisation puisqu'elle exprime ce qui est propre à certains genres ; il limite le beau à un rôle d'embellissement.

Si une peinture ou un théâtre religieux sont possibles, leur principe ne peut être celui du sermon et il ne le serait qu'au prix d'un grand risque pour la peinture et le théâtre.

Tout art édifiant et toute littérature militante sous-entendent plus ou moins clairement un certain mépris de la création esthétique. Si elle n'est pas « l'unique nécessaire », il paraît normal qu'elle trouve sa raison d'exister dans les divers « uniques nécessaires » auxquels nous sommes soumis, salut personnel, salut public, salut social : car l'homme est un animal qui a toujours quelque chose à sauver. Quand l'art sert un plus grand que lui, n'est-il pas logique de substituer « l'art pour la cause » à « l'art pour la beauté » ?

Nous serions moins inquiets si nous n'avions perdu le sens de la gloire et de la glorification.

*

Qu'est-ce que la gloire dont les héroïnes de Corneille sont si justement fières ? Un peu plus que la vertu : une vertu de la vertu, un éclat, un rayonnement, le sentiment de n'avoir pas été trop au-dessous de soi-même en restant au-dessus de ses multiples intérêts, un témoignage d'estime que l'âme se donne à elle-même lorsqu'elle se voit au niveau de ce qu'elle voulait être.

Mais c'est dans la théologie que s'achèverait vraiment l'analyse de la gloire. Lorsque le métaphysicien découvre l'acte de l'Etre qui ne manque de rien, qu'aucun besoin ne peut mettre en mouvement, qu'aucun intérêt ne sollicite, il dit : Dieu agit pour sa gloire. Dieu crée un monde qui chante sa gloire en proclamant ses perfections, sagesse, bonté, puissance. Il pouvait ne pas le créer et son geste ne lui est d'aucun profit. La gloire est un motif qui ne détermine pas l'acte et laisse l'agent absolument libre. La gloire inspire une activité qui se meut par delà l'utile et le nuisible. La gloire représente le suprême effort de l'esprit pour concevoir un amour souverainement libre et désintéressé.

Se glorifier exprime le cas unique où un être s'aime sans égoïsme, pour ce qu'il a le devoir d'aimer en lui. Glorifier introduit entre celui qui rend hommage et celui qui le reçoit, une relation qui exclut tout marché, tout espoir de bénéfice. Dieu se glorifie, car il ne lui est pas permis de ne pas aimer la perfection et, par suite, de ne pas s'aimer, Lui dont la substance dépasse toute perfection. La créature qui glorifie Dieu est celle qui l'aime simplement parce qu'il est Dieu; elle ne lui offre point son amour pour mériter le sien, mais parce qu'elle Le connaît comme infiniment aimable. C'est pourquoi, avant de demander le pain quotidien à son Père qui est dans les cieux, sa prière commence par un acte d'adoration : « Que votre nom soit sanctifié ! ».

L'acte religieux par excellence est la prière qui adore et ne demande rien, acte gratuit de glorification. L'art est religieux lorsqu'il coïncide avec l'acte religieux par excellence, de sorte que la gratuité de la beauté s'épanouit dans la gratuité de la gloire. Un tel art n'est ni édifiant ni militant, mais célébrant et en lui s'unissent naturellement les deux formules, « l'art pour la beauté » et « l'art pour l'homme ».

« L'art pour l'homme », non pour le militant voué aux opportunités de la propagande et à l'inquiétude de la conquête, mais pour le célébrant... Qu'il glorifie l'humanité, la patrie, Dieu ou Jésus, le célébrant est cet homme libre et désintéressé qui aime et dit son amour avec sa foi. Son dessein n'est soumis ni à la logique de la démonstration ni à la tactique de la persuasion : il met dans son œuvre ce qu'il a dans son âme. Cette liberté et ce désintéressement appellent « l'art pour la beauté » : c'est la beauté qui glorifie, non la volonté de glorifier; le service de la croyance ne relègue pas la fin esthétique au second rang : au contraire. Rien n'est trop beau pour honorer le Maître des sculpteurs romans, le Seigneur du Peintre des Anges.

Le militant demande au tableau, à la musique, au poème d'être autre chose qu'une œuvre belle, car il juge qu'elle doit être plus qu'une œuvre belle. Le célébrant sait qu'il n'y a rien de plus glorifiant qu'une œuvre belle. Le militant s'ajoute à l'artiste : le célébrant, c'est l'artiste lui-même.

II. – DU THÉÂTRE RELIGIEUX

Comme tout art, le théâtre peut être religieux. Naturellement, il ne suffit pas, pour mériter ce titre, de tailler des tableaux dans la vie d'un saint ou de faire chanter sur la scène un hymne révolutionnaire.

Le théâtre édifiant et militant représente la formule la plus dangereuse pour le théâtre et la moins propre à révéler la profondeur religieuse. Prendre la scène pour une chaire ou une tribune, c'est inviter le théâtre à copier l'art oratoire, non seulement dans ses effets, mais dans sa vocation. Le théâtre peut être militant ; il peut aussi ne pas l'être : l'art oratoire l'est par essence. Or, ou bien le théâtre imite parfaitement son modèle et risque fort de n'être plus du théâtre, ou bien, n'allant pas jusqu'au bout de l'imitation, il reste d'abord du théâtre et ne sera militant que par accident, ce qui est presque une contradiction, car la volonté de servir se contente mal d'un rang secondaire ou d'un rôle ornemental. Militer, c'est combattre et, lorsqu'un auteur choisit le combat, il en accepte les exigences : il s'engage de tout son cœur et avec toutes ses forces ; la victoire de la cause est alors, par définition, supérieure à la réussite de l'art ; la valeur esthétique et la qualité dramatique importent moins que la thèse.

L'apologétique, en effet, introduit dans le drame une thèse. C'est pourquoi le théâtre édifiant et militant représente l'expression la plus facile et la plus primaire du zèle religieux. La thèse est l'âme du sermon, du discours politique, du réquisitoire, de la plaidoirie : elle demeure toujours extérieure au drame, même lorsqu'il est fabriqué pour elle. La leçon d'une action est autre chose que cette action ; sinon, chaque action ne comporterait qu'une seule leçon : or, elle en propose plusieurs précisément parce que la leçon n'est pas inscrite dans l'action mais dans l'esprit qui l'observe. Ainsi, la thèse s'ajoute au drame et, par suite, ne peut jamais être l'âme du drame. Principe d'une démonstration qui prouve ou persuade, son effort pour devenir l'âme d'un drame n'aboutit qu'à transformer ce drame en démonstration. Une thèse religieuse communique à l'œuvre une intention religieuse ; elle lui confère une portée religieuse : elle ne la rend pas religieuse « par l'intérieur ».

*

La condition élémentaire d'un théâtre religieux est que l'action trouve son principe dans une vision religieuse de l'univers. Un monde au centre duquel se tiennent le Christ et son Eglise diffère profondément d'un monde dans lequel le Christ et l'Eglise ont une existence épisodique. Un ordre de réalités nouvelles exprime leur présence : la vie de la grâce dans les âmes. Un héroïsme nouveau tente l'homme : la sainteté. Un drame nouveau surgit : la conversion, avec la double lutte contre l'être intérieur qui résiste et le groupe social qui refuse de comprendre. Une lumière tragique nouvelle éclaire une histoire qui commence avec la création, recommence avec l'Incarnation, et se répète dans chaque cœur avec sa rédemption. Un théâtre chrétien est celui où le christianisme joue un rôle dramatique. *Le Pauvre sous l'escalier* est un drame chrétien, parce que, sans la vision chrétienne de sa destinée, le héros d'Henri Ghéon ne quitterait pas sa maison le soir de ses noces.

Il ne suffit pas, pour écrire une œuvre chrétienne, de choisir un sujet dans l'histoire du christianisme, de mettre à la scène la vie d'un saint ou même celle du Christ. Il faut que le drame soit senti et posé comme chrétien, que réalité dramatique et réalité chrétienne coïncident. Si le dramaturge n'est pas personnel-

lement engagé dans le drame par sa foi, ses personnages le
sont; leurs actes sont sérieux pour eux et leur christianisme
tient à leur être. Ou bien l'auteur les prend tels qu'ils sont,
acceptant leur vision chrétienne du monde comme source de
conflits et principe de dénouement. Ou bien il introduit sous
leurs paroles chrétiennes une autre vision du monde, panthéiste, par exemple, ou humanitaire, mais il n'écrit plus une
œuvre chrétienne. La « mystique » *Samaritaine* d'Edmond
Rostand et la philantropique *Passion* de M. Edmond Harau-
court ne sont pas des drames chrétiens. Le sujet importe donc
peu : seul compte un certain réalisme spirituel.

La connaissance et l'expression de la réalité chrétienne
exigent-elles un artiste vivant lui-même du christianisme?
Il ne paraît pas impossible d'appliquer au dramaturge les
remarques du P. Raymond Regamey sur Delacroix. Le grand
peintre peut n'être pas même croyant et pourtant faire mieux
que traiter les sujets religieux, s'élever jusqu'à la peinture
religieuse.

> Il faut que son œuvre dise qu'il a éprouvé quelque chose de
> l'émotion dont un cœur fidèle est pénétré quand il s'inté-
> resse à la méditation d'un mystère. Il suffit que ces sujets
> qu'il ose aborder, il les aime comme les plus belles légen-
> des, comme celles qui remuent le mieux, tout hypothétiques
> ou fausses qu'elles lui paraissent, ce qu'il sent en lui de
> plus vrai [1].

L'intelligence et une certaine affinité conduisent l'artiste dans
un monde qui n'est pas celui de sa vie la plus intime. C'est bien
pourquoi, œuvre de la foi ou de la sympathie, la représentation

---

1. Raymond Regamey, *Eugène Delacroix, l'Epoque de la chapelle des
Saints Anges, 1847-1863*, La Renaissance du livre, 1931, p. 168; voir toute la
section I du chap. III dans la troisième partie. Sur la peinture religieuse, on lira
des pages du même auteur qui, par delà la peinture, sont souvent valables pour
tout art catholique, sinon pour tout art religieux [« le christianisme est essentiellement la religion du Verbe fait chair »] : « L'Inspiration religieuse de Rubens »,
dans *La Vie intellectuelle*, 25 février 1937.

fidèle de la réalité chrétienne n'est qu'une forme du théâtre chrétien : la spiritualité de Giotto ou de Fra Angelico a une autre signification que celle de Delacroix.

*

Le drame intégralement religieux est celui où l'action dramatique coïncide avec l'acte religieux par excellence : c'est le drame qui glorifie. Il n'est naturellement pas limité aux œuvres dont la représentation serait, comme celle du mistère médiéval, une espèce de solennité publique : avant tout compte ici la célébration intérieure qu'est le don de l'âme. Le drame glorifie parce que la prière est l'action elle-même.

L'exemple du théâtre chrétien reste le plus clair. Paul Claudel a fortement défini la loi de l'univers chrétien « un principe de contradiction ».

> Ses exigences, en apparence démesurées et déraisonnables, sont les seules cependant qui soient réellement à la mesure de nos forces et de notre raison.

Elles « nous obligent à un état permanent de mobilisation » et, par suite, « la foi fait vivre dans un milieu essentiellement dramatique »[1]. Les conflits de la conscience chrétienne coïncident le plus souvent avec ceux de la conscience morale ; mais la loi morale n'exige, avec l'accomplissement du devoir, rien de plus que la bonne intention : le christianisme demande,

---

1. Paul Claudel, *Positions et Propositions*, I, Paris, Gallimard, 1928, p. 240 et p. 248-249 ; textes tirés de deux pièces réunies dans ce recueil sous le titre « Le Théâtre catholique » : *Lettre au « Temps »*, juin 1914, et *Lettre au « Figaro »*, 14 juillet 1914.

Sur le théâtre catholique de Claudel, voir Jacques Madaule, *Le Génie de Paul Claudel*, Paris, Desclée de Brouwer, 1933, 2e partie, chap. IV. Une analyse de chaque pièce est donnée dans l'ouvrage qui fait suite à celui-ci, *Le Drame de Paul Claudel*, *ibidem*, 1936, nouvelle édition entièrement mise à jour, 1964 ; une excellente vue d'ensemble se trouve dans Victor Bindel, *Claudel*, Paris, Vrin, 1934, 2e partie : *Claudel, poète dantesque*.

en outre, l'offrande de la bonne action. Faire le bien, le faire par amitié pour soi et pour les autres, par souci de sa propre dignité et par respect de l'humanité, sans calculer ses avantages avec une lucidité trop avisée, tel est l'acte moral complet. « Seigneur, que votre volonté soit faite ! » est la parole spécifiquement religieuse qui le transforme en don, ajoutant à la satisfaction du devoir accompli une joie qui est comme le lyrisme du sacrifice. « Le zèle de la maison de Dieu » crée même des situations qui ne peuvent être ni pensées ni traduites en problèmes moraux. L'amour de Dieu pour la créature et celui de la créature pour Dieu animent un dialogue qui n'a aucune signification éthique. Sans l'acte de foi, l'acte de la foi est souvent un scandale : en dehors de la perspective chrétienne, Polyeucte est un fanatique et *L'Otage* pose un cas de conscience monstrueux.

La glorification est cette offrande qui transfigure l'action morale et qui apparaît dans sa pureté mystique avec l'action exclusivement religieuse. *Polyeucte* n'illustre pas le problème de la liberté de conscience ni la lutte du citoyen contre les pouvoirs : la pièce reçoit sa clarté de ce « feu divin que rien ne peut éteindre », qui convertit la désobéissance en don et le martyre en joie. *L'Otage* choque le bon sens du moraliste parce que celui-ci voit le drame concentré à la fin du second acte dans le consentement de Sygne à un mariage répugnant. Or, le sacrifice de Sygne a plusieurs faces. Le sacrifice charnel est le plus facile à accepter, car il n'atteint pas l'âme et ne peut même troubler sa pureté essentielle. Rebâtir la Coûfontaine terrestre et, au moment de la restituer à son suzerain, l'apporter en dot à un terroriste chamarré, c'est là une injure du destin qui frappe la jeune femme au cœur ; avoir travaillé pour Turelure, tel est désormais le sens que prend sa vie : quelle dérision ! Enfin Sygne immole une foi à une autre foi, l'honneur à ce qui est au-dessus de l'honneur. Ce triple sacrifice ne fait que poser les données de la tragédie : il ne la constitue pas ; sinon, la dernière scène de l'acte II serait un dénouement : or, elle noue, au contraire, ce qui doit être dénoué en mettant Sygne devant le seul sacrifice qui soit total, celui de la volonté. Le thème religieux de la pièce a été posé, comme en passant, dès le prélude, lorsque Sygne supplie son cousin Georges d'avoir pitié de l'épouse qui l'a offensé : « Dites-moi que vous lui avez pardonné ! Mais dites que vous lui avez pardonné ! ». Sygne elle-même saura-t-elle pardonner à ce Turelure qui lui a tout volé ? *L'Otage* est la tragédie du pardon. La fille spirituelle du curé Badilon a offert au pied de la Croix tout ce qui peut se détacher de l'âme : Dieu lui demandera ce qui tient à la substance de l'âme, sa liberté d'aimer. Il fallait qu'elle n'eût rien à donner, sauf sa volonté, afin que le mystère de la charité s'achevât dans le silence d'une suprême élévation.

*

Le théâtre chrétien est un exemple très précis de théâtre religieux. Si large que soit le sens attribué à « religion » et si diverses que soient les religions, il est toujours permis de concevoir un théâtre militant, un théâtre de l'expérience religieuse et un théâtre glorifiant. Ceci prouve qu'un théâtre religieux est possible, non, pourtant, que le théâtre soit d'essence religieuse[1].

---

1. Ce qui est dit ici à l'occasion du théâtre chrétien pourrait l'être devant le théâtre plus ou moins directement inspiré par le marxisme. Si profondes que soient certaines vues de Bertolt Brecht, trop souvent simplifiées, « le théâtre de l'ère scientifique » reste essentiellement didactique (cf. *Ecrits sur le théâtre*, Paris, L'Arche, 1963 ; Bernard Dort, *Lecture de Brecht*, Paris, Editions du Seuil, 2ᵉéd., 1967). Il s'agit d'éveiller la réflexion critique du spectateur (mais n'est-ce pas ce que faisait Molière sans le dire ?) : comment l'auteur ne serait-il pas alors tenté de *téléguider* l'esprit critique dans un certain sens ? La menace du théâtre édifiant subsiste.

CHAPITRE X

THÉATRE ET RELIGION. II

L'essence religieuse du théâtre se manifeste-t-elle dans son action sociale?

Le théâtre est le plus noble plaisir des hommes assemblés, disait, sauf erreur, Saint-Marc Girardin. La représentation pour un seul est une aberration. Louis II de Bavière, qui a si bien servi le drame wagnérien, ne l'aimait pas d'un amour normal quand il le faisait jouer pour la loge royale devant une salle vide. Le spectateur unique n'est pas un public. Cela n'est pas seulement le point de vue du caissier, d'ailleurs primordial : c'est aussi celui de l'acteur et celui du public lui-même.

La scène est le point de convergence de multiples regards : à toute absence dans la salle correspond une certaine absence sur la scène; à salle vide, scène froide. Si le rideau, pour le public, se lève sur la scène, pour l'acteur, il se lève sur la salle où son personnage doit être pris au sérieux. Or, sans cette prise au sérieux, la métamorphose n'est que déguisement. Il ne suffit pas de jouer Hamlet sur la scène : il faut qu'en même temps Hamlet soit reconnu comme tel par la salle. Imaginons un public s'esclaffant et, après quelques tableaux, un monsieur de l'orchestre se levant pour dire, au nom de l'assemblée :

> Nous savons très bien que vous n'êtes pas Hamlet ; nous avons lu sur l'affiche que votre nom est Georges Pitoëff ; d'ailleurs, un prince de Danemark n'a pas l'accent russe. Vous nous jouez la comédie de la tragédie. Continuez : nous tenons toutefois à vous dire que nous écouterons la tragédie en refusant la comédie...

La créature de théâtre n'existe qu'avec la complicité de témoins et il y a dans la métamorphose de l'acteur un parti pris d'objectivité qui, sur le plan social, est un appel au témoignage universel. La dialectique qui pose le premier témoin le définit comme le premier terme d'une série indéfinie : rien ne limite le désir d'exister qui anime les personnages en quête de spectateurs.

Ceux-ci soupçonneraient-ils la signification *ontologique* de leur présence ? Le plus individualiste éprouve, au théâtre, le besoin du groupe. Nul endroit n'est plus propice aux bonnes relations qu'un amphithéâtre, si ce n'est la queue devant le guichet. Même quand je ne ressens nulle envie de communiquer avec mes voisins, je souhaite des voisins. Je ne cherche pas à savoir ce qu'ils pensent : il me suffit qu'ils soient là. Cette impression est absolument distincte du désir de se faire une âme collective et de vibrer en commun. Il ne s'agit pas de rire, de pleurer et d'applaudir ensemble : que tous pleurent quand je ris ou que je sois seul à applaudir, nous portons témoignage ensemble sur l'existence de Hamlet et nous sommes ensemble pour permettre cette existence de Hamlet. Avant de communier, il convient de collaborer pour créer l'espace vital du drame. Lorsque je suis dans une salle trop peu remplie, quelque chose me gêne ; c'est pour le théâtre, non pour moi, que je réclame un public ; mon malaise traduit la conscience plus ou moins confuse d'un désordre.

Une maigre assistance suffit sans doute à soutenir l'existence des personnages sur la scène, mais on dirait qu'ils jouissent alors d'une existence menacée. Une place inoccupée prive d'un acte de foi la métamorphose du comédien qui justement s'achève dans l'acte de foi et par l'acte de foi de ses témoins. Le théâtre a horreur du vide, car le vide introduit dans la représentation un principe de *non-être* qui en compromet l'opération décisive.

La communauté créée par le théâtre au niveau de l'existence se double-t-elle d'une communion religieuse?

I. – DE LA PARTICIPATION

Une telle communion est parfaitement obtenue dans le cas d'un théâtre comme celui des mistères, où tous participent à l'action, où entre acteurs, figurants et spectateurs la différence est seulement dans les degrés de cette participation. La formule n'est pas périmée; elle retrouve son actualité toutes les fois qu'une œuvre et un public se rejoignent dans une même glorification : à Louvain, après une représentation du *Jeu d'Adam* par les Théophiliens de la Sorbonne, la salle entonne spontanément le *Te Deum*. M. Henri Ghéon a recréé avec succès une sorte de drame-solennité. *Le Mystère de l'Invention de la Sainte-Croix*, joué en 1923 près de l'abbaye bénédictine de Tancrémont, comporte plusieurs chœurs parlants et chantants; après la dernière réplique,

> la procession s'organise et derrière le coryphée, les enfants, les acteurs, suivis par l'assistance, se rendent lentement à la chapelle du vieux Bon Dieu, au chant des cantiques, spécialement du *Crucem tuam*.

Même principe dans *Le Mystère de la messe*, représenté à Liège en 1934, variation dramatique sur un thème de Calderon, qui met en scène les principaux artisans de l'Ancienne et de la Nouvelle alliance et dont le texte ressemble au livret non d'un opéra mais d'une cérémonie[1].

Dans ces représentations comme dans celles des célèbres *Passions*, la fin de l'art est une célébration qui transforme le spectateur en assistant puis en participant. Ce n'est plus le théâtre pour le peuple fidèle mais le théâtre par le peuple fidèle. De là, une question à longue portée : un théâtre où, à la limite, il n'y aurait plus de spectateurs serait-il encore du théâtre ?

La question n'intéresse pas seulement la renaissance du théâtre chrétien. Certains metteurs en scène cherchent dans une sorte de théâtre-manifestation la forme moderne du théâtre-cérémonie. M. Okhlopkov, par exemple, voit dans le spectacle « une sorte de liturgie artistique à laquelle le public doit participer, de même que dans une église les fidèles se lèvent, s'agenouillent, prient selon les phases de l'office ». Et, nous dit-on,

> un programme imprimé indiquera certaines évolutions que les spectateurs auront à accomplir, certaines phrases qu'ils auront à prononcer au cours de la représentation[2].

La participation matérielle du spectateur à la représentation n'est, d'ailleurs, qu'un signe : la transformation du spectateur en participant est complète sans elle. Ce qui importe, ce n'est point que je chante le *Te Deum* ou que j'accomplisse un mouvement prévu par le metteur en scène, mais que le jeu cesse de m'apparaître comme un jeu. Pour exister, le théâtre me demande un acte de bonne volonté par lequel j'accepte toutes ses fictions. Or, voici un autre théâtre qui, pour exister, me demande un acte de foi par lequel j'adhère à la vérité qu'illus-

---

1. Henri Ghéon, *Le Mystère de l'Invention de la Croix*, Bénédictins-Tancrémont (Pepinster) et Paris, librairie Labergerie, 1932. *Le Mystère de la messe sur un thème de Calderon de la Barca*, Liège, La vie liturgique, 1934.

2. Paul Gsell, *Le Théâtre soviétique*, p. 50.

trent ses fictions. Cette adhésion intérieure suffit à faire de moi plus qu'un spectateur : suis-je même encore au théâtre ?

> Un mystère, écrit M. Gabriel Marcel, n'est pas une pièce à grand spectacle. Un mystère n'est pas un spectacle. Un mystère ne peut être qu'une œuvre de foi ; et la foi ne tolère pas les simulacres ; elle les évacue, elle les expulse.

Les acteurs « jouent moins un drame qu'ils ne vivent, qu'ils n'agissent leur foi »[1]. Comment parler, en effet, de spectacle et de jeu en présence de cet ouvrier tourneur qui, dans *La Passion* d'Auxerre, ressuscite en lui le Christ avant de le figurer[2] ? Au retour d'Oberammergau, M. Maurice Blondel disait :

> Les acteurs cherchent à participer substantiellement à ce qu'ils représentent, puisque, obéissant à un vœu, ils souhaitent, en jouant, faire œuvre de chrétiens, puisque, avant de jouer et pour jouer, ils s'agenouillent, ils prient, ils communient au Christ, puisque, à la lettre, ils veulent manifester sa vie permanente et sa présence réelle à travers les âges.

M. Maurice Blondel ajoutait : « Le principal élément de l'intérêt dramatique... c'est notre coopération virtuelle et comme ébauchée avec les acteurs du drame ». En regardant ce Christ fictif, chaque chrétien se dit qu'il aurait pu être de ceux

---

1. Gabriel Marcel, « Le Mystère de la Passion », dans *Sept*, 28 juin 1935 ; la précédente citation est tirée de « Réflexions sur les exigences d'un théâtre chrétien », dans *La Vie intellectuelle*, 25 mars 1937, p. 549. Cf. « Influence du théâtre », dans *Revue des jeunes*, 15 mars 1935. Sur christianisme et théâtre dans la pensée philosophique et l'œuvre dramatique de M. Gabriel Marcel, voir l'étude de Gaston Fessard, « Théâtre et Mystère », en tête de la pièce *La Soif*, Paris, Desclée de Brouwer, 1938, et Joseph Chenu, *Le Théâtre de Gabriel Marcel et sa signification métaphysique*, Paris, Aubier, 1948.

2. Cf. Lucien Descaves, « La Passion ingénue » dans *Le Journal*, 15 avril 1927. Cet article et les principaux articles de la presse locale donnant des indications précises sur cette « Passion » ont été recueillis dans *La Grappe*, mai 1927, Place Lebœuf, Auxerre ; cf, Marie Noël, *Le Cru d'Auxerre*, Paris, Stock, 1967.

qui rencontrèrent le Christ vivant, qu'il est de ceux que le Christ éternel voit en cet instant même.

> C'est donc nous qui nous jouons à nous-même, et chacun pour soi comme dans la solitude, le Drame du Calvaire, en l'adaptant avec la précision et la variété de la vie à toutes les exigences, à toutes les capacités de notre âme[1].

Lorsque monter en scène est un geste de piété, assister à la représentation ne peut être qu'une réponse de même intention. La curiosité du touriste ne saisirait ici que le pittoresque; pour comprendre l'homme qui est l'interprète d'une foi, il ne suffit pas de regarder l'interprète d'une œuvre : nous devons le reconnaître comme notre intercesseur et, si notre foi n'est pas la sienne, il faut percevoir dans la sienne un écho de la nôtre sous peine de rester complètement en dehors du drame.

M. Henri Ghéon distinguait un jour très justement « un théâtre spécifiquement catholique » et « un théâtre d'esprit catholique ». Le premier, disait-il, « atteindra son plein épanouissement dans de grandes célébrations », à l'occasion, par exemple, de la fête d'un saint; par suite, « sa destinée est intimement liée à l'avenir de la foi dans notre pays ». Le second « peut prospérer sur des scènes profanes »,

> il n'exigera pas un acte de foi du public, mais simplement un effort de compréhension analogue à celui qu'on obtient aisément de lui quand il s'agit d'entrer dans Pirandello ou dans Shakespeare[2].

---

1. Maurice Blondel, « La Psychologie dramatique du Mystère de la Passion à Oberammergau », Extrait de *La Quinzaine*, 1er juillet 1900, p. 11 et p. 13.

2. Déclarations de M. Henri Ghéon recueillies par M. Paul Garcin, conclusion à une enquête : « La Renaissance du théâtre chrétien est-elle possible? », *Comœdia*, juin 1927. Dans cette enquête, commencée le 18 avril 1927, M. Jacques Reynaud avait clairement exprimé le sens des efforts de M. Ghéon, 21 avril 1927. M. Henri Ghéon est revenu bien souvent sur ce sujet, poursuivant deux fins distinctes quoique concomittantes : une réforme technique, la recherche d'un « théâtre pur », d'une part, et, de l'autre, la création d'un théâtre chré-

Ce qu'Henri Ghéon écrit du théâtre catholique vaut pour tout théâtre religieux et la question reste la même lorsque l'homme ou la nation ou la classe tiennent la place de Dieu : que signifie la différence introduite par l'acte de foi et transformant le spectateur en participant ? M. Gabriel Marcel a sûrement raison de l'appeler « métaphysique » : c'est bien la nature du spectacle qui est en cause.

*

A la différence radicale dans les intentions du public correspond une différence non moins radicale dans l'essence de l'œuvre représentée.

L'une exige ma collaboration. Je traiterai comme des personnes réelles les personnages créés par le dramaturge et recréés par les acteurs. Sans ma croyance à leur existence, ces personnages n'existeraient pas. L'auteur propose : le public dispose. Cette disposition est acquise par le seul fait de s'asseoir devant le rideau : elles est indépendante des qualités du drame et du jeu. Peut-on parler de communion ? Oui, si l'on y tient, mais en ce sens très limité que les spectateurs accordent en commun l'existence réelle à Œdipe afin d'être émus en commun à la représentation de ses malheurs.

tien aux multiples aspects, allant de la farce à la tragédie. Cf. la préface à *Le Comédien et la Grâce*, Paris, Plon, 1925, l'article-manifeste publié dans *La Revue des jeunes* du 25 novembre 1924, et, parmi ses plus récentes études, « Quinze ans de théâtre sur le plan chrétien, Une technique, un style, un répertoire (1920-1935) » dans *La Revue des jeunes*, 15 mai 1935, article de souvenirs auquel on joindra la « Préface inédite au *Pauvre sous l'escalier* » dans *La Vie intellectuelle* du 25 avril 1937. Henri Ghéon a tout particulièrement posé la question du surnaturel au théâtre dans « L'expression mystique au théâtre », *Etudes carmélitaines*, octobre 1931.

On ajoutera l'ouvrage posthume : *Dramaturgie d'hier et de demain*, Quatre conférences faites au Théâtre du Vieux-Colombier en 1923 [Bio-bibliographie d'H. Ghéon par Jacques Reynaud].

Le théâtre ne demande rien d'autre. En étant aussi une espèce de cérémonie ou de manifestation, il pose comme condition préliminaire que je traite les acteurs comme les interprètes de ma foi. *Le Mystère de la messe* n'est évidemment pas la messe : c'est un divertissement, mais un divertissement qui n'a plus pour seule fin de divertir. Il y a bien une fiction, mais une fiction liturgique est une symbolique vivante au service d'une vérité. La communion ne se produit plus sur le plan de l'existence autour de personnages : elle subsiste sur le plan de l'idéal autour d'une foi dont le drame est le commentaire.

Le moins que l'on puisse dire, c'est que la transformation du spectateur en participant crée une forme très particulière de théâtre qui ne peut être considérée comme le type du théâtre ; elle tend plutôt à nous ramener par delà le théâtre [1].

II. – DE LA COMMUNION AU THÉÂTRE

Croire en commun à la présence de Polyeucte et croire en commun au Dieu de Polyeucte représentent deux adhésions bien différentes. Cette dualité est un fait. Mais ce fait n'est-il pas une aberration ? Un théâtre sans communion religieuse n'est-il pas un théâtre dégénéré ?

> Il n'y aura de théâtre nouveau que le jour ont l'homme de la salle pourra murmurer les paroles de l'homme de la scène en même temps que lui et du même cœur que lui.

---

1. Cette conséquence a été logiquement déduite par Auguste Comte : lorsque le théâtre redevient cérémonie, il n'y a plus besoin de théâtres (cf. plus haut, chap. v, § 2).

*

La formule souvent citée de Jacques Copeau est équivoque. Elle convient parfaitement à un certain théâtre, mais n'exprime nullement une exigence du théâtre. Sans quitter le théâtre chrétien, *Polyeucte, Athalie, L'Annonce faite à Marie* n'exigent pas un tel accord entre «l'homme de la salle» et «l'homme de la scène» : la culture et l'intelligence sont des dispositions nécessaires mais suffisantes pour créer l'état de grâce dramatique. Si l'on veut dire qu'il faut un certain sens de la vie et des valeurs spirituelles, ajoutons cette générosité sans laquelle il n'y aurait ni culture ni intelligence authentiques. C'est l'œuvre, et non la foi de l'auteur, qui unit les spectateurs. Si le théâtre de Paul Claudel n'a pas immédiatement trouvé dans son pays un public digne de sa grandeur, c'est pour des raisons d'ordre esthétique et non à cause de l'état religieux de la France.

Si le théâtre avait pour fonction sociale de traduire et de recréer une unanimité morale, il n'aurait pas survécu aux multiples Réformes et aux diverses Révolutions qui ont singulièrement réduit en Occident le nombre des vérités communes. Le théâtre s'est, en fait, accommodé du pluralisme spirituel qui caractérise les sociétés modernes : sans doute un tel pluralisme n'était-il pas contraire à son essence. C'est l'action qui est la fin de la représentation, non l'idée qui inspire l'action : or, sur la scène comme dans la, vie, l'action s'impose à l'attention par elle-même, indépendamment du jugement porté sur l'idée qui l'inspire. Le théâtre cherche moins à rassembler les hommes autour de leurs évidences ou de leur foi qu'à les unir dans une émotion et une admiration partagées. Sa puissance dramatique et sa valeur esthétique sont les principes de la seule unanimité que sa nature appelle : la ferveur d'une salle qui, en dépit de la diversité des convictions, se laisse toucher par la noble plainte d'Antigone ou par la sainte misère de la jeune fille Violaine.

La communion autour de l'action est, pour le théâtre, une condition d'existence : la communion autour de l'idée ne lui ajouterait qu'une raison d'être, caractérisant un certain théâtre et non le théâtre. Définir le destin du théâtre à partir de cette raison d'être, c'est donc prendre la partie pour le tout au profit de séduisantes équivoques. Il faut sortir du théâtre pour sauver le théâtre... Réformons d'abord la société et les beaux-arts refleuriront... Faisons la Révolution ou la Restauration et le drame retrouvera sa vigueur... Chacune de ces formules déplace la question[1]. C'est en dehors du théâtre que se joue le

---

1. La question de l'art comme expression d'un idéal social a été posée sans équivoques ni demi-teintes par Auguste Comte. Le fondateur du positivisme a renouvelé une très ancienne idée : pas de société possible sans unité morale ; par suite, pas d'unité sociale sans unité spirituelle. C'est pourquoi la « philosophie positive » ne peut qu'aboutir à une religion lorsqu'elle devient « politique positive », religion sans dieux ni Dieu, mais religion où l'Humanité est le principe d'unité spirituelle et sociale qu'étaient jadis les dieux puis Dieu. Les hommes aimeront l'Humanité comme, hier, ils aimaient Dieu, d'un amour total allant jusqu'au sacrifice de soi. Si l'art est une expression de la communion sociale, il convient de savoir ce qu'ils chanteront.

« Au temps du polythéisme, comme à tout autre âge de l'humanité, l'essor et l'action des divers beaux-arts ont toujours reposé, de toute nécessité, sur une philosophie préexistante et unanimement admise » (*Cours de philosophie positive*, 53e leçon, t. V, p. 110). Ainsi, l'art de l'avenir se définit en fonction de la révolution positiviste : « C'est à chanter les prodiges de l'homme, sa conquête de la nature, les merveilles de sa sociabilité que le vrai génie esthétique trouvera surtout désormais, sous l'active impulsion de l'esprit positif, une source féconde d'inspirations neuves et puissantes » (*ibidem*, t. VI, 60e leçon, p. 833). Ces idées n'ont peut-être exercé aucune influence : toutefois des artistes les retrouveront : ce sont bien « les prodiges de l'homme » que chante Arthur Honegger dans *Cris du monde* et l'on peut se demander si un art « unanimiste » n'est pas nécessairement conduit à célébrer les « merveilles de la sociabilité ».

Dans une telle perspective, la vie de l'art est intimement liée à celle des idées qui donnent à la société son armature spirituelle. En un sens, c'est bien en dehors de l'art que se joue le destin de l'art. Le problème fondamental est alors de savoir si justement les sociétés modernes ne sont pas constituées à partir d'un pluralisme spirituel et si leur structure morale n'est pas d'un type radicalement différent de celui qu'illustrent la Cité antique, la Chrétienté médiévale et la Société selon le positivisme.

destin du théâtre, s'il a pour mission d'exprimer ou de recréer une unanimité spirituelle, car les principes de cette unanimité doivent précéder la rencontre des « hommes de la salle » avec « les hommes de la scène ». Tout change si l'unanimité est obtenue par le drame en tant que drame, si elle est indépendante des croyances.

Tant mieux si des réformes politiques ou une renaissance religieuse rendent les spectateurs plus nombreux, plus cultivés, plus capables d'enthousiasme. Mais l'homme de théâtre n'attend pas pour travailler que le public soit prêt. Sa tâche est de faire du bon théâtre et il l'accomplit sur la scène, non dans les meetings ou dans les clubs. C'est à l'intérieur du théâtre que se joue la partie lorsqu'il est en danger.

*

La communion dramatique n'est-elle pas religieuse simplement parce qu'elle est communion ?

Le problème du théâtre et de la société peut être considéré à un autre point de vue : il ne s'agit plus de savoir si le théâtre exprime ou chante un idéal social, mais de chercher les conditions sociales de son épanouissement. Telle fut l'une des préoccupations constantes de Lucien Dubech. Ici encore, le destin du théâtre se joue, en partie, en dehors de lui. Lucien Dubech insistait beaucoup moins sur l'unité spirituelle de la société que sur son ordre. Voir *La Crise du théâtre*, Librairie de France, 1928, notamment p. 65-66 : « La nature fournit à toutes les époques un nombre sensiblement égal de jeunes gens doués. Il y avait, à très peu près, le même nombre de talents en France au siècle des invasions normandes qu'au siècle de Louis XIV. Seulement, les premiers ont raté leur affaire. Ce n'est pas parce qu'il vit réunis Pascal, Racine, Molière, Bossuet et La Fontaine que le siècle de Louis XIV fut ce qu'il fut, c'est parce que le siècle de Louis XIV fut ce qu'il fut que Pascal, Racine, Molière, Bossuet et La Fontaine ont donné leur pleine mesure. Parmi les jeunes gens qui ont débuté dans l'art dramatique en 1919, aucun n'a donné sa mesure parce qu'ils ont été dans des conditions défavorables ». Cf. le chap. xvii, « Politique d'abord », et surtout la conclusion, p. 204-206.

Il y a deux manières de communier bien différentes : ni l'une ni l'autre, semble-t-il, ne sont religieuses par elles-mêmes.

La Guerre de Troie n'aura pas lieu offre une expérience intéressante.

> Un théâtre est seul grand, écrivait jean Giraudoux, s'il impose au spectateur la conviction que le monde actuel est sonore en pensées, en espoirs, en force ; c'est un théâtre où transparaît une époque [1].

C'est dans ces dispositions que le poète d'*Intermezzo* traite pour ses contemporains la tragédie de la paix et de la guerre. Dans *La guerre de Troie n'aura pas lieu* le sujet exige la passion : il n'est guère possible de n'être point passionné pour la paix et contre la guerre ; les sentiments ne peuvent être ici que des engagements de tout l'être. Il eût, donc été facile de donner au spectateur une âme de manifestant, c'est-à-dire une âme aspirant à fuir sa propre forme et à se perdre dans la vie anonyme de ce grand être éphémère qu'est la salle. Or, développant les thèmes les plus angoissants de l'heure, Jean Giraudoux veut que cette angoisse nous reste personnelle. Ses subtilités, ses préciosités mêmes ont pour effet de tenir chaque spectateur en état d'émerveillement éveillé, de le tourner vers son âme la plus intime. En quittant le théâtre, nous avons l'impression qu'un homme nous a pris à part et nous a parlé.

La communion du premier type se définit par la participation à la conscience collective telle que la décrivent les sociologues, être qui ne subsiste pas en dehors des individus mais représente en eux une réalité à la fois étrangère et familière. A la lettre, elle tire chacun hors de soi et l'élève ou l'abaisse, selon les cas, à des pensées et à des sentiments qu'affirment la présence, la puissance, la volonté du groupe.

---

1. Jean Giraudoux, « Sur le théâtre contemporain », feuilleton du *Temps*, 22 juillet 1929.

Les arts du spectacle produisent un tel effet dans le cadre d'une cérémonie ou d'une manifestation. La fin normale du théâtre, cependant, n'est pas de créer une salle unanime par l'hypnose, de transformer le public en un seul être vibrant. Le théâtre n'est pas le stade. Le drame parle à chacun de nous en particulier pour obtenir les applaudissements de tous. Le poète qui est avant tout poète souhaite non la fusion mais la convergence des cœurs ; à la « communion massive », il préfère, selon les justes expressions de M. Jean Hytier, « l'accord d'une multiplicité d'admirations particulières » [1].

La communion obtenue par l'amitié des personnes n'est ni plus ni moins religieuse que la communion au sein de la conscience collective. L'expérience religieuse ne relève pas exclusivement de la psychologie des foules ; on peut chanter en chœur et prier pour soi ; inversement, il ne suffit pas de chanter en chœur pour participer à la vie « mystique ». La sociologie n'atteint jamais que des formes élémentaires et inférieures du sentiment religieux ; de l'oraison à l'extase, il est une création ou une re-création continue de l'être le plus mystérieusement intime [2]. Aussi, à dire vrai, la communion au théâtre n'est pas religieuse par elle-même, mais par les dispositions qu'éveille le sujet de l'œuvre représentée. Même s'il est l'expression d'un jugement moral, le rire unanime qui accueille *Le Médecin malgré lui* n'est en aucune manière un lien religieux, et pas davantage l'émotion qui accompagne le départ de Bérénice.

III. – UN CRÉATEUR DE CRÉATURES

Que le théâtre soit considéré au service d'une foi ou comme principe de communion, il parait clair qu'un théâtre

---

1. Cf. Jean Hytier, art. cit. (plus haut, p. 86, n. 2), p. 102-103.
2. Sur les limites d'une sociologie religieuse, voir : Jean Baruzi, *Problèmes d'histoire des religions*, Paris, Alcan, 1935, p. 44 *sq*.

religieux est possible, mais rien de plus : or, le théâtre est d'essence religieuse si, quel que soit le sujet du drame, son caractère religieux subsiste.

Ni l'histoire ni la sociologie ne révèlent ce caractère comme toute recherche qui porte sur la nature des choses, celle-ci ne peut être qu'une analyse philosophique.

*

Toute activité humaine est implicitement orientée par une philosophie. M. Jourdain fait de la métaphysique comme il « dit de la prose ». Ainsi, le sens commun traite chaque objet comme une chose qui existe en soi et peuple la nature de causes efficacement efficientes : ces deux croyances spontanées sont des propositions métaphysiques. La théorie de la connaissance s'intéresse très vivement aujourd'hui aux philosophies immanentes à la pensée non-philosophique. Emile Meyerson a donné le modèle de pareilles recherches en essayant de fixer la métaphysique sous-jacente à la science des savants, celle qu'expriment leurs gestes dans les laboratoires et leurs méthodes dans le travail de construction rationnelle [1]. Or, comme le sens commun ou la science, le théâtre suppose une philosophie.

Elle est, bien entendu, indépendante des philosophies propres à chaque auteur. Les démarches de Descartes savant peuvent dessiner une philosophie de la pensée scientifique qui n'est pas celle de Descartes philosophe : l'historien expose les vues personnelles de Descartes sur la science, le théoricien de la connaissance cherche à travers son œuvre les postulats permanents de l'intelligence aux prises avec l'univers. De même, la philosophie inscrite dans l'essence du théâtre n'a aucun rapport avec les idées que François de Curel ou Paul Claudel ou Jean

---

1. Voir notamment le premier ouvrage d'Emile Meyerson, *Identité et réalité*, Paris, Alcan, 1907, et les deux études « Sens commun et connaissance » et « Le Savoir et l'univers de la perception immédiate » dans *Essais*, Paris, Vrin, 1936.

Giraudoux professent sur le monde et la destinée de l'homme. Rien n'empêche qu'elle soit complètement opposée aux convictions réfléchies du dramaturge. La métaphysique implicite d'une science ou d'un art ne porte jamais en elle la preuve de sa vérité : elle coexiste donc, sans contradiction, avec une métaphysique explicite différente. Ainsi, que le sens commun soit réaliste, c'est un indice très intéressant, mais non suffisant pour établir que le réalisme soit la vraie philosophie, pour interdire de définir l'être par « être perçu ». A table, le philosophe idéaliste parle en réaliste : métaphysique quotidienne qui reste dans sa vie une simple manière pratique de voir et de s'exprimer sans valeur spéculative. Il n'y aura pas davantage contradiction si l'homme de théâtre est panthéiste ou matérialiste alors que le théâtre postule une métaphysique d'un autre style.

*

Cette métaphysique, un mythe en traduira aisément le sens.

Tout se passe comme si, pour exprimer ses rêves et sa vision chaleureuse du réel, l'homme s'était fait successivement danseur, musicien, poète, peintre, architecte, bâtisseur de temples qui chantent et de sanctuaires qui prient. Mais chaque art n'est qu'une expression et ne représente qu'un point de vue. Si parfaites que soient ses victoires, l'artiste reste un créateur de créations. Or, ce monde de créations ne suffit pas à l'homme ; dans un suprême effort poétique, il dépasse l'expression en unissant tous les moyens d'expression : il va créer un monde et des hommes, il devient un créateur de créatures.

Cette ambition vertigineuse, Luigi Pirandello en découvre avec lucidité le sens et les limites dans *Ce soir, on improvise*. Les acteurs ont reçu non des rôles mais des personnages tirés d'une nouvelle de Pirandello ; chacun est pourvu d'une biographie : le spectacle ou mieux l'expérience consiste à improviser des tableaux dans lesquels les comédiens s'exprimeront et agiront dans le sens de leur vie d'emprunt. Les acteurs ne seront pas seulement habités par leurs personnages : ils doivent être inspirés par eux ; les répétitions auront pour objet non de répéter un texte appris par cœur mais de se familiariser avec une créature assez profondément entrée dans le cœur pour transformer l'acteur en créateur, c'est-à-dire pour devenir elle-même créatrice. Ici apparaît l'artifice de cette intelligente fantaisie et de tout théâtre. Les comédiens vont naturellement monter sur la scène avec leur nom ; à Paris, ils s'appelaient Georges et Ludmilla Pitoëff, Madame Mady Berry, M. Drain : or, en parlant sous leur nom, ils récitent du Pirandello. Ils jouent à ne pas jouer : ce n'est qu'un double jeu.

L'ambition du théâtre est de créer des personnes : il ne crée que des personnages.

Qu'est-ce qu'une personne ? Un être capable d'inventer. Je pense, donc je suis un sujet pensant : je veux, donc je suis un sujet agissant ; mais ce *je* n'est pas un simple récitant : il est inventeur de pensées et d'actions ; ce qui le pose comme *je*, ce sont même précisément ces pensées et ces actions qu'il invente. Qui suis-je ? Celui en qui survint telle pensée, celui qui commit telle action. Descartes écrit le *Discours de la méthode* : il est désormais l'auteur du *Discours de la méthode* pour les autres et pour lui-même. Bonaparte fait Brumaire : Brumaire fait Napoléon. La personne est à la fois fille et mère de ses œuvres : cet étrange rapport la définit.

L'homme ne s'obtient pas en juxtaposant une raison universelle à une individualité animale, une intelligence qui se meut parmi les évidences mathématiques à un corps qui se pose nécessairement distinct des autres corps de la même espèce. L'homme se définit dans l'acte par lequel il introduit dans l'univers quelque chose de nouveau : c'est cet acte qui le manifeste comme personne.

Déclarer que la personne s'ajoute à la nature est trop peu dire : elle ajoute des mondes au monde, celui de la science et celui de l'art, celui de l'industrie et celui des cités. Car, même pour construire une physique mathématique d'une impersonnelle pureté, il faut de puissantes personnalités.

Parce que nous sommes des personnes dont la vocation est d'inventer, non seulement l'humanité a une histoire comme la terre ou la forêt, mais elle est une histoire. Parce qu'il est une personne dont chaque instant est gros d'inventions diverses et de plusieurs avenirs, tout homme est un secret à lui-même caché que révéleront ou laisseront entrevoir d'imprévisibles résolutions.

Vivre, pour la personne, c'est donc créer.

Une grave confusion du langage philosophique ramène l'idée de création à celle de cause et la vide de son contenu propre en la coupant de celle de personne. Il n'est pas nécessaire d'être une personne pour être cause : exister comme personne et créer représentent deux expressions synonymes. La causalité est la production d'un effet et il ne peut y avoir plus dans l'effet que dans la cause ; la création est l'invention d'une œuvre et il n'y a aucun rapport quantitatif entre le créateur et son œuvre. L'action de l'eau sur le calcaire orne les grottes de stalactites et de stalagmites que l'ingéniosité des guides et la bonne volonté des touristes transforment en figures de bonshommes et d'animaux : le génie de Rodin est un principe d'un autre ordre. Puisqu'il faut toujours parler par images, celui qui crée semble être plutôt source que cause ; s'il n'y a point d'effet sans cause, il n'y a point de création sans source ; mais, tandis que le premier postulat conduit à la science, le second vise des faits qui échappent à toute science : le mystère de la personne est le mystère des sources.

Le personnage ne crée pas. En nous déjà, les personnages qui se détachent de notre personne sont le plus souvent des compromis entre elle et le monde, silhouettes sans mystère aux gestes prévisibles. Ce sont des fonctionnaires, les délégués de la personne dans ses diverses fonctions sociales, et des fonctionnaires à responsabilité limitée, car dès que la situation apparaît exceptionnelle, l'homme s'engage personnellement et joue la partie sans personnages interposés. Ceux-ci n'improvisent qu'en s'écartant peu de leur leçon ; ils agissent par réflexes plutôt que par réflexion : leurs inventions sont limitées à de rapides adaptations. Le personnage n'est jamais en moi qu'une petite source : celui du théâtre n'est même pas cela, lui qui est inventé pour limiter l'intervention du metteur en scène, de l'acteur et du spectateur.

Mais le personnage de théâtre a l'air d'être une personne. Ses pensées et ses actes jaillissent avec une apparente spontanéité. Que d'effets comiques ou dramatiques sont liés à la fiction de leur imprévisibilité ! La suprême réussite du théâtre est dans la création paradoxale d'un personnage mystérieux comme une personne.

*

Le dramaturge est le premier comédien de la comédie : l'auteur joue au Créateur ; la comédie qui commence avec lui est l'imitation d'une Divine Comédie.

Pour obtenir l'illusion démiurgique, les véritables créateurs du personnage se cachent : l'auteur, dans une loge, le metteur en scène, dans la coulisse, l'acteur, sous son déguisement. Le dramaturge s'exprime à travers des personnages qui eux-mêmes ont l'air de s'exprimer pour leur propre compte. L'essence de l'art dramatique est dans cette dissimulation.

Ce qui se voit seulement au théâtre, ce qui appartient uniquement au théâtre, ce n'est pas la réunion des arts mais leur réunion en vue de créer une œuvre qui imite la création du monde. La présence réelle des êtres et des choses fait oublier celle de l'auteur qui, comme un Créateur, demande à être recherché.

Un tableau ou une statue disent quelque chose et quelqu'un ; quand l'artiste s'efforce de disparaître, cet effort même devient un style. Un héros de roman peut n'être ni le portrait ni le porte-parole du romancier : chaque mot qu'il prononce rend pourtant sensible le mouvement de la main qui écrit. Toute œuvre d'art est une expression qui manifeste immédiatement la présence de celui qui s'exprime, toutes sauf celle de l'art dramatique. Les personnages sur la scène sont des femmes et des hommes vivant comme moi, tenant leur existence du même principe que moi, dont l'origine et la destinée paraissent aussi mystérieuses que les miennes. Tant que nous sommes dans le jeu, je feins d'ignorer qu'il y a un poète de leurs actions et de leurs paroles ; tant qu'ils sont dans le jeu, il est dans le rôle des acteurs de ne pas comprendre si la salle réclame « l'auteur ».

Une conception exclusivement littéraire du drame est donc le péché contre l'esprit du théâtre. Le réduire à un texte, c'est condamner les personnages à vivre au bout d'une plume et leur interdire de simuler l'existence qui dissimule l'auteur. Faire du dramaturge un écrivain n'est en aucune manière lui attribuer la meilleure part ; puisqu'il est seul, il ne partage plus : mais il n'a plus rien à partager. Il est alors un auteur comme les autres, ayant perdu son privilège de se déguiser en Créateur.

Un théâtre exclusivement littéraire n'a de sens qu'à l'intérieur d'une vision idéaliste du monde. Si exister, c'est être perçu, créer sera évidemment créer des esprits qui perçoivent. Que le dramaturge donne la vie à des personnes spirituelles et qu'il laisse aux choses sensibles l'épaisseur d'une image ! Il est créateur comme le Dieu de Berkeley. Mais la métaphysique implicite du théâtre est réaliste à la façon du sens commun : elle suppose l'univers irréductible à la pensée, elle voit dans les couleurs, les sons et même les formes des qualités qu'aucun langage intelligible ne saurait traduire, elle unit la présence à une expérience qu'aucune science ne peut remplacer. Le poète fait appel au peintre, au musicien, à l'architecte, à l'acteur, parce qu'il doit créer un monde pour créer des personnes engagées dans le monde, un monde consistant et résistant comme celui de leur incarnation.

*

L'acte de création, la notion de personne, la réalité des corps sont les trois exigences métaphysiques que postule le théâtre ; avec elles se pose, une fois encore, la question de son essence religieuse.

Il y a vie religieuse et mysticisme en dehors des idées de création et de personne. L'histoire ne permettrait pas de leur réserver le privilège d'opérer l'union au divin. Elle montre toutefois que la relation de l'âme à Dieu conçue comme une relation de personne à personne est un thème d'une haute puissance religieuse, dont témoigne une tradition illustrée par la foi populaire la plus vivante et les expériences du mysticisme le plus élevé. Ajoutons qu'une telle relation ne parait pas être un concept purement philosophique : en décrivant un mouvement de Dieu vers l'homme, elle appelle nécessairement un retour de l'homme vers Dieu ; une métaphysique posant un Dieu personnel créateur de personnes ne peut se dispenser de poser en même temps la prière. S'il y a vie religieuse sans l'appui métaphysique des notions de création et de personne, il n'y a point création de personnes sans vie religieuse.

Le théâtre tient sa nature religieuse d'une similitude : le vaudeville le plus obscène imite un geste divin. Né de la volonté qui extériorise ses songes, le drame exprime le désir qui la pousse vers la perfection d'une toute-puissance créatrice : il représente le plus haut efort profane de l'homme pour devenir image de Dieu.

Ainsi la misère même du théâtre dit sa grandeur : pour imiter le pouvoir d'un Créateur, il imite le mensonge de la créature. Une tromperie qui ne trompe pas est l'unique ressource d'une volonté éprise d'un don qu'elle essaierait vainement de répéter : les simulations et dissimulations de la comédie procèdent d'une similitude qui les purifie. Tous les arts sont conviés sur la scène à la réussite de l'émouvant artifice par lequel l'esprit refuse sa propre faiblesse, acte de foi en la puissance divine de l'homme et reflet du plus humain des gestes divins.

Ce livre s'adresse à tous ceux qui aiment le théâtre. Comme fit récemment *Musique et Spiritualité* d'Alfred Colling, comme fera, plus tard, dans cette collection, « Qu'est-ce que la littérature ? » de Charles du Bos, il leur propose de penser ce qu'ils aiment. La musique, la littérature, la poésie, le théâtre ne deviennent en nous des présences que si nous leur donnons le meilleur de nous. Le fait brutal de la mise en présence ne suffit pas ; il faut écouter, regarder, deviner avec toute son âme ; c'est en visant l'essence que la présence nous est donnée.

Paroles bien graves pour un sujet d'apparence si légère… Mais ceux qui l'aiment savent que le théâtre est chose grave, parce qu'il est mystère. Et il l'est doublement, par la réaction du poète qui imagine, par celle de l'acteur qui incarne. Le premier mystère est celui de tous les arts ; par le second, le théâtre n'est pas un art comme les autres ; le drame n'est ni un objet, ce qu'est la statue ou le tableau ; ni un récit, ce qu'est le roman ou l'épopée ; mais bien davantage un pastiche de la création divine. Autour de l'acteur qui oublie sa biographie pour prêter sa chair et son cœur au « personnage », le théâtre dresse un univers entièrement « truqué » où une toile peinte est un arbre, où le soleil est un projecteur, où l'espace est affranchi de la géographie et le temps délivré de l'histoire. Métamorphose universelle qui unit tous les arts dans une vivante symphonie où texte, jeu, peinture, musique, architecture, danse, tiennent harmonieusement leur partie.

Et voici que les problèmes les plus concrets, ceux de la vie quotidienne du théâtre, surgissent à chaque moment de l'analyse. Quel est le rôle du texte ? Quelle est la place du metteur en scène ? Qu'ajoute la musique ? Que signifie la communion entre l'homme de la scène et l'homme de la salle ? Quels sont les rapports du théâtre et du cinéma ? Pourquoi acteurs, régisseurs et dramaturges ont-ils un sentiment si profond de participer à une tâche sacrée ? Toutes ces questions, l'auteur les pose là où elles se posent d'elles-mêmes : il recherche l'essence du théâtre non au terme d'une analyse abstraite mais dans l'infinie variété de l'expérience dramatique.

Et c'est pour affirmer l'intime union de la réflexion sur l'art avec l'art vivant que les premières pages offrent au lecteur des témoignages de Pitoëff, de Dullin, de Jouvet, de Baty, les quatre hommes par qui le théâtre français fut renouvelé depuis vingt ans. Pitoëff parlant très simplement et sans partis pris esthétiques du metteur en scène ; Dullin définissant son métier comme une amitié avec le public ; Jouvet parcourant son plateau et montrant la structure de l'œuvre dramatique liée à ce morceau d'espace ; Baty découvrant sous les masques et derrière la toile du décor la grande scène du monde.

QUATRE TÉMOIGNAGES

I. – Georges Pitoëff :
Théatre et metteur en scène

Quelques-uns considèrent volontiers le metteur en scène comme un intrus. Or c'est la nécessité même qui l'a créé. Il est un produit naturel de l'évolution du théâtre contemporain. L'acteur n'a pas changé. Si Talma, Rachel ou Molière revenaient parmi nous, ils nous enthousiasmeraient autant qu'ils transportèrent leurs contemporains. Ce qui est nouveau, c'est l'importance qu'a prise le décor. Celui des pièces classiques était neutre, autant dire inexistant. Aujourd'hui, à tort ou à raison, le décor est devenu un élément essentiel du spectacle, en même temps que les accessoires, l'éclairage, le rythme du jeu. Pendant la période de transition on laissa l'équilibre de ces éléments au gré du hasard. Il arrivait qu'une rencontre fortuite produisit un heureux ensemble; mais plus souvent, les costumes juraient avec le décor, celui-ci avec l'esprit intime du texte, etc. Il fallait un nouveau personnage qui s'emparât de ces éléments et les fît concourir à un résultat prémédité. Le metteur en scène a introduit la composition, l'unité qui caractérise l'œuvre d'art, là où le hasard régnait en maître. A ce titre-là, il est un créateur, comme tout autre artiste.

La création du peintre s'opère en deux temps : le moment où il pose les couleurs sur sa toile, et celui où il se recule pour juger de l'effet produit. Ce second temps, l'acteur en est privé. Le metteur en scène s'en chargera.

Je n'ai sur la mise en scène aucune idée préconçue. Chaque nouvelle pièce à monter, je m'efforce de l'aborder avec un esprit absolument vierge. C'est la pièce elle-même qui m'inspirera les éléments qui serviront à sa mise en scène. Notre but n'est que d'aider la pensée de l'auteur à se révéler le plus parfaitement au spectateur. Sans doute j'aurai une manière personnelle d'éclairer tel coin de décor, qui distinguera ma mise en scène de celle d'un confrère. Mais c'est le fait de toute interprétation. S'il s'agit d'œuvres du répertoire classique, chaque metteur en scène tâche de faire ressortir le caractère qui lui semble, à lui, essentiel. Ne doit-on pas préférer un dessein directeur, même contestable, à l'anarchie ?

II. – Charles Dullin :
Metteur en scène et acteur

Le théâtre, on l'oublie trop souvent, est fait *pour le public*. On peut supprimer la rampe, les décors, les meubles, on ne supprime pas le public. Il faut écrire pour lui.

Le maître du théâtre, c'est l'auteur. L'acteur ne peut que faire vivre les inventions de l'auteur ; le metteur en scène ne peut animer d'autre ensemble que celui qu'a prévu l'auteur. Répétons-le, toute la substance est donnée par l'auteur.

Eh bien ! aujourd'hui, c'est le contraire. Les auteurs semblent avoir perdu le contact avec le théâtre, or donc avec le public ; *ils ont brisé la hiérarchie de la scène* et remis les destinées du théâtre à l'acteur et au metteur en scène. Ce sont eux qui sont responsables de l'importance trop grande, parfois abusive, du metteur en scène. De ce mal est née une formule barbare : la *rethéâtralisation du théâtre*. Traduisez dans une langue plus claire : le metteur en scène enseigne aux auteurs ce que les auteurs ne savent plus, à savoir les règles du jeu théâtral.

Je mets toutes mes forces au service d'un art que j'aime, celui qui considère le théâtre comme un débordement de l'imagination dans la vie, qui arrache les êtres à eux-mêmes. Et notre époque a besoin d'un art exaltant, comme dut l'être la scène grecque, qui nous console d'une époque difficile mais riche d'évolutions de toutes sortes.

III. – LOUIS JOUVET :
LE THÉÂTRE ET LA SCÈNE, L'ESPACE SCÉNIQUE

Les drames dont le temps nous garde dans les livres l'écho silencieux, ce n'est pas pour lui qu'ils furent faits. Dans l'espace seul dont ils sont privés, ils purent un jour s'intégrer avec exactitude, rendre d'efficaces résonances. *Pour bien comprendre une pièce de théâtre, il faut la replacer dans son époque, dans sa manière et dans sa mode.* Mais plus que le jeu des acteurs, que la masse et l'âme du public, il importe à qui veut la ressusciter d'évoquer l'aire où se cristallisera la forme de son impulsion, où ces deux pôles sensibles que sont la scène et l'auditoire se disputèrent la place, refluèrent l'un vers l'autre, cherchant instinctivement la forme qui convenait le mieux à leur mutuelle pénétration.

Cela nous invite à replacer les formes dramatiques dans l'ordre des faits naturels, et à créer une sorte de *biologie théâtrale*, destinée à éclairer les lois qui régissent leur économie.

Dans la « ressuscitation » d'une esthétique dramatique, le verbe peut nous égarer, non l'édifice. Il dit strictement et complètement ce qu'il a à dire. C'est pourquoi je rêve parfois que, à l'instar de Cuvier, je pourrai, quelque jour, étudier l'art théâtral à partir de son architecture, retrouver la fonction eschylienne, grâce au squelette de Dionysos ou d'Epidaure, celle de Shakespeare dans les traces de cet animal disparu qu'était le théâtre du Globe, celle de Molière dans ce Versailles où il fut joué, bref faire jaillir d'une pierre comme d'une vertèbre, le grand corps vivant d'un mystère passé.

IV. – GASTON BATY :
LE THÉATRE ET L'UNIVERS A EXPRIMER

La vie consciente de l'homme est toute baignée de vie inconsciente ou consciente seulement à demi. Il n'est pas seulement l'idée claire qu'il a de lui-même, mais ses rêves obscurs, sa mémoire endormie, ses instincts refoulés; dans l'ombre de son âme habitent les ancêtres, l'enfant tel qu'il a été, les autres hommes qu'il aurait pu être. Tout cela n'affleure qu'à peine, par éclairs, dans le champ de sa conscience; cette vie obscure conditionne cependant son autre vie. Elle est une matière, inexploitée et combien riche !

Les groupements humains ont une vie propre, différente de celle des individus qui les composent. Aussi bien qu'un caractère personnel, les communautés sont des entités dramatiques : le métier, la cité, la classe, la nation, la race. Non point réunion de plusieurs étres : chaque fois un être nouveau, polycéphale, existant en soi.

Mais l'univers uni, ce n'est pas seulement les hommes ou les groupements humains. Il y a autour d'eux tout ce qui vit, tout ce qui végète, tout ce qui est. Et tout ce qui est, est matière dramatique : les animaux, les plantes, les choses. Toute la vie quotidienne et son mystère : le toit, le seuil, le banc, la porte qui s'ouvre et se ferme, la table avec l'odeur du pain et la couleur du vin, et la lampe, et le lit, et ce battement au cœur de l'horloge. Il y a des personnalités inanimées : l'usine, le navire, la ville, la forêt, la montagne; il y a tout le merveilleux mécanique, la machine construite par l'homme, mais qui ensuite « marche toute seule ». Il y a les grandes forces de la nature : le soleil, la mer, le brouillard, la chaleur, le vent, la pluie, plus puissantes que l'homme et qui l'oppriment, l'accablent, transforment son corps, usent sa volonté, repétrissent son âme.

Mais le royaume que doit conquérir le théâtre s'étend bien au-delà, jusqu'à l'infini. Après l'homme et son mystère intérieur, après les choses et leur mystère, nous touchons à des mystères plus grands. La mort, les présences invisibles, tout ce qui est par delà de la vie et l'illusion du temps. Fléau des balances où s'équilibrent le bien et le mal. Ce qu'il faut de douleur pour racheter le péché et sauver la beauté du monde. Tout jusqu'à Dieu.

Il suffit sans doute d'inventorier ainsi brièvement toute cette richesse offerte au théâtre, pour rendre évident qu'il ne saurait l'aborder avec les seuls procédés traditionnels. Il ne s'agit pas de *parler* de tout cela, mais de rendre tout cela *sensible.*

Ainsi interviennent dans le drame les moyens d'expressions plastiques, colorés, lumineux. Puis tous les autres : jeu, mimique, rythme, bruits, musique, etc.

Grâce à eux, nous pouvons échapper aux vieilles servitudes, passer les frontières, et traduire dans le drame intégral notre intégrale vision du monde.

APPENDICE DE L'ÉDITION DE 1968

On ne saurait citer les nombreux ouvrages ou articles parus sur l'esthétique théâtrale depuis 1943. Je renvoie donc à l'importante bibliographie de M. André VEINSTEIN : *La Mise en Scène théâtrale et sa condition esthétique*, « Bibliothèque d'Esthétique », Paris, Flammarion, 1955.

De cette bibliographie, retenons comme ouvrages plus particulièrement proches de nos problèmes :

Paul ARNOLD, *L'Avenir du théâtre*, Paris, Savel, 1947 ;

Pierre-Aimé TOUCHARD, *L'Amateur de théâtre ou la Règle du jeu*, Paris, Editions du Seuil, 1952 ;

André VILLIERS, *La Psychologie de l'art dramatique*, Paris, Armand Colin, 1951.

Aux étudiants, on signalera un bon recueil de textes de philosophes, esthéticiens, dramaturges, comédiens, metteurs en scène :

L'Art du théâtre, par Odette ASLAN, Collection « Melior », Paris, Seghers, 1963.

Sur l'ensemble des questions traitées ici, indiquons :

« Questions d'Esthétique théâtrale », numéro spécial de la *Revue d'Esthétique*, janvier-mars 1960.

Esprit, Théâtre moderne et public populaire, mai 1965.

Jean DUVIGNAUD, *Sociologie du théâtre*, Paris, P.U.F., 1965, et *L'Acteur, Esquisse d'une sociologie du comédien*, Paris, Gallimard, 1965.

A un point de vue à la fois esthétique et historique :

Denis BABLET, *Esthétique générale du décor de théâtre de 1870 à 1914*, Paris, Editions du C.N.R.S., 1965 (importante bibliographie).

Au point de vue philosophique, quiconque prend la peine de réfléchir sur un des beaux-arts lira avec plaisir et profit les deux livres d'Etienne GILSON :

Les Arts du Beau, Paris, J. Vrin, 1963 (important pour la notion d'art pur, pour l'art et le sacré).

Matières et Formes, Poïétiques particulières des arts majeurs, Paris, J. Vrin, 1964 (chap. VIII : « Le Théâtre »).

Sur l'histoire du théâtre en France au XX⁰ siècle, la littérature est aujourd'hui très riche. Retenons quelques ouvrages généraux intéressant plus directement les questions traitées ici :

Robert BRASILLACH, *Animateurs de théâtre*, Paris, La Table ronde, 1954.

André VEINSTEIN, *Du Théâtre libre au Théâtre de Louis Jouvet, Les théâtres d'art à travers leurs périodiques*, Paris, Librairie théâtrale, 1955.

Paul GINESTIER, *Le Théâtre contemporain dans le monde*, « Bibliothèque de Philosophie contemporaine », Paris, P.U.F., 1961.

« Le Théâtre en France », numéro spécial, *Europe,* avril-mai 1962.

Clément BORGAL, *Metteurs en scène*, Paris, Fernand Lanore, 1963 (bibliographies).

Pour les études monographiques, rappelons simplement les numéros spéciaux de la *Revue de l'histoire du théâtre* (avec bibliographie) sur Jacques Rouché (juillet-septembre 1958), sur Jacques Copeau (1950 et 1963), sur Louis Jouvet (1952), sur Gaston Baty (1953). Sur Gordon Craig et Appia, voir :

Denis BABLET, *Edward Gordon Craig*, Paris, L'Arche, 1962, et l'ouvrage cité plus haut, *Esthétique... du décor...*, chap. III.

TABLE DES MATIÈRES

ACHEVÉ D'IMPRIMER
EN NOVEMBRE 2002
PAR L'IMPRIMERIE
DE LA MANUTENTION
A MAYENNE
FRANCE
N° 383-02

Dépôt légal : 4ᵉ trimestre 2002